Corpos de ordenanças e chefias militares em Minas colonial: Vila Rica
(1735-1777)

Ana Paula Pereira Costa

Corpos de ordenanças e chefias militares em *Minas colonial: Vila Rica* (1735-1777)

Copyright © 2014 Ana Paula Pereira Costa

Direitos desta edição reservados à
Editora FGV
Rua Jornalista Orlando Dantas, 37
22231-010 | Rio de Janeiro, RJ | Brasil
Tels.: 0800-021-7777 | 21-3799-4427
Fax: 21-3799-4430
editora@fgv.br | pedidoseditora@fgv.br
www.fgv.br/editora

Impresso no Brasil | Printed in Brazil

Todos os direitos reservados. A reprodução não autorizada desta publicação, no todo ou em parte, constitui violação do copyright (Lei nº 9.610/98).

Os conceitos emitidos neste livro são de inteira responsabilidade do(s) autor(es).

Este livro foi editado segundo as normas do Acordo Ortográfico da Língua Portuguesa, aprovado pelo Decreto Legislativo nº 54, de 18 de abril de 1995, e promulgado pelo Decreto nº 6.583, de 29 de setembro de 2008.

1ª edição – 2014

Revisão dos originais: Sandra Frank
Revisão: Cecília Moreira e Fatima Caroni
Projeto gráfico de miolo e capa: Ilustrarte Design e Produção Editorial
Imagem da capa: Rugendas, *Villa Rica*, litogravura

Ficha catalográfica elaborada pela Biblioteca Mario Henrique Simonsen/FGV

Costa, Ana Paula Pereira
  Corpos de ordenanças e chefias militares em Minas colonial : Vila Rica (1735-1777) / Ana Paula Pereira Costa. – Rio de Janeiro : Editora FGV, 2014.
  176 p.

  Originalmente apresentada como dissertação da autora (mestrado – Universidade Federal do Rio de Janeiro, 2006)
  Inclui bibliografia.
  ISBN: 978-85-225-1539-4

  1. Ouro Preto (MG) – História militar – 1735-1777. 2. Brasil – História colonial, 1500-1822. 3. Brasil – Forças Armadas – 1735-1822. 4. Brasil – Organização militar – 1735-1777. I. Fundação Getulio Vargas. II. Título.

CDD – 355.0098151

À minha mãe, Luzia, pelo exemplo e apoio sempre presente.

"Nenhum reino, ou república, floresceu sem milícia, pois ela é a que os estabelece e conserva."
(Sebastião Pacheco Varela. *Numero vocal, exemplar, catholico e politico*, 1702)

"Toda Máquina da razão de Estado estriba em três fundamentos principais: conselho, forças e reputação."
(Sebastião César de Menezes. *Summa politica*, 1645)

Sumário

Lista de abreviaturas	10
Prefácio	11
Agradecimentos	13
Introdução	15
CAPÍTULO 1 Apresentando as forças	33
O quadro organizacional das ordenanças em Portugal	33
O quadro organizacional das ordenanças na América portuguesa	40
As tropas de ordenanças em Minas Gerais	43
CAPÍTULO 2 A caracterização social das chefias militares	51
Nobreza guerreira, nobreza política: a exigência da "qualidade social"	51
Poder (local) e condição social: o perfil das chefias militares	56
O perfil e as atitudes econômicas	85
CAPÍTULO 3 Das mercês às estratégias sociais: a busca por autoridade e mando nas *conquistas*	105
Os recursos disponíveis para maximizar e atestar a autoridade	107
Direitos, privilégios e obrigações apresentados aos oficiais de ordenanças	126
Práticas de reprodução social: as alianças matrimoniais, o destino dos filhos e as negociações com os escravos	135
Considerações finais	155
Referências	159

Lista de abreviaturas

AHU — Arquivo Histórico Ultramarino
AEAM — Arquivo Eclesiástico da Arquidiocese de Mariana
BNRJ — Biblioteca Nacional do Rio de Janeiro
CPOP — Casa do Pilar de Ouro Preto
CSM — Casa Setecentista de Mariana
RAPM — *Revista do Arquivo Público Mineiro*

Prefácio

Manolo Florentino (UFRJ/Casa de Rui Barbosa)

Dia desses, li artigo de um conhecido acadêmico que rejeita com vigor o uso do produto interno bruto (PIB) como medida do bem-estar de um país. Propõe, no lugar disso, um pacote composto pelo grau de acesso à saúde e à educação, os níveis de sustentabilidade dos empreendimentos, e por aí vai. Contas feitas, a sugestão se aproxima do índice de desenvolvimento humano (IDH), criado na década de 1990 pelos economistas Amartya Sen e Mahbub ul Haq.

Concordo com o acadêmico. O PIB, adotado mundialmente a partir de 1948, e cujos princípios estatísticos foram estabelecidos pelo economista Richard Stone, não mensura o bem-estar de povo nenhum – porque não é essa a sua função! Sem tecnicalidades, ele mede o crescimento da riqueza de um país. Em grande escala – ou seja, *socialmente* –, sem canos não há saneamento básico que se preze; e a ausência de tijolos e fios elétricos permite erguer escolas apenas em mentes bem-intencionadas pelo planeta afora. O PIB é instrumento fundamental para tornar realidade ideias geniais ou insanas.

As vicissitudes contidas na distribuição e no uso da riqueza medida pelo PIB são outros quinhentos, amalgamadas que estão à história e à antropologia das culturas políticas. No limite, derivam de formas de representação e lutas pelo *poder*, tomado, é óbvio, como mercadoria rara: se determinada pessoa o detém, na outra ponta alguém estará entregue à própria sorte. Essa onipresença da *política* não escapou a Ana Paula Pereira Costa ao longo do livro que o leitor tem em mãos.

Ana realizou uma utilíssima análise dos oficiais mais graduados das companhias de ordenanças da comarca de Vila Rica entre 1735 e 1777. Atente-se: na galinha dos ovos de ouro (Minas Gerais) da metrópole, em um período estratégico da história portuguesa – na longa duração, depois da fartura do vil metal caberia a Lisboa administrar, lentamente, o seu próprio velório. O perfil desses *indivíduos*, seus espaços de atuação e sua busca sem fim por dinheiro, poder e glória (não necessariamente nesta ordem) são por Ana detalhados com rigor.

Certo, o formato de dissertação transforma o estudo em um diálogo entre especialistas. E daí? Vale mais a pena ressaltar o seguinte: Ana Paula pertence àquela classe de indivíduos que, sabe-se lá por quê, desde tenra idade se impõe um objetivo e se organiza para alcançá-lo. Com o tempo, o alvo escapa-lhe através dos dedos, transformando-se em programas de trabalho cumpridos à risca, garantindo a santa paz de qualquer orientador.

Para gente assim, a sorte propriamente dita não atua, embora os dados, fontes e análises pareçam chegar na hora certa, pelos caminhos mais simples e naturais. Não, não é sorte. É talento.

Rio de Janeiro, abril de 2014

Agradecimentos

O texto aqui apresentado é basicamente o mesmo da minha dissertação de mestrado, defendida em 2006 na Universidade Federal do Rio de Janeiro. Incorporei, somente, algumas reflexões a partir de uma produção bibliográfica que se deu posteriormente à pesquisa e que enriqueceu a análise feita originalmente.

Agradeço à Faperj pelo apoio financeiro integral para a publicação deste trabalho e, à época da realização do mestrado, a concessão da bolsa nota 10 para sua execução.

Agradeço ao meu orientador, Manolo Garcia Florentino, por suas sempre pertinentes e valiosas sugestões ao trabalho. Com sua excelente orientação, forneceu-me em todos os momentos o auxílio de que necessitava para dar forma a esta pesquisa.

Aos professores Antônio Carlos Jucá de Sampaio e Carlos Ziller Camenietzki, pelos proveitosos comentários, na ocasião do exame de qualificação, que muito enriqueceram este trabalho. Sou grata ainda ao professor João Luís Ribeiro Fragoso, por sua participação na banca examinadora, e à professora Carla Maria Carvalho de Almeida, a quem devo tanto. Agradeço por sua inestimável contribuição para minha formação acadêmica, pela atenção que sempre dispensou às minhas inquietações quando ainda tentava formular meu tema de pesquisa e por todas as vezes que disponibilizou meios que me auxiliaram a conduzi-la.

Aos funcionários dos arquivos da Casa Setecentista de Mariana, da Casa do Pilar de Ouro Preto e do Arquivo Eclesiástico da Arquidiocese de Mariana, pela solicitude e simpatia que tornaram menos árdua a busca de informações.

Um agradecimento especial aos meus amigos historiadores e pesquisadores que conquistei durante esses anos, seja na UFJF, na UFRJ ou em outras instituições, sobretudo Renato Franco, Moacir Maia, Giane Castro, Kelly Mattos, Vanessa Lana, Rodrigo Amaral, Mariana Mamede, Michelle Cardoso Brandão. À minha grande amiga Ana Cristina Lage e a minha "irmã" Pollyanna Mendonça, obrigada pelo apoio, carinho e amizade. Muito especiais!

À minha mãe, Luzia, às minhas irmãs, Julyane e Josyane, e ao meu cunhado, Leonardo, pelo amor, incentivo e paciência. Ao Guilherme, que chegou trazendo imensa alegria à família.

Ao Renan, agradeço por todo o cuidado, torcida, compreensão e amor dedicados.

Introdução

A construção da monarquia moderna na Europa, assente na fiscalidade e na guerra, passou também pela tentativa de constituição de um exército à escala do território nacional. A fragilidade do aparelho burocrático e a escassez de recursos humanos e técnicos fizeram com que os monarcas se apoiassem em milícias urbanas para assegurar a existência de uma tropa pronta a servir em caso de necessidade. Portugal não constituiu exceção a esse quadro; foi marcante a presença de forças militares ou paramilitares locais no quadro organizacional do exército português até o século XIX, à imagem do que ocorria em vários reinos europeus (Rodrigues, 2003:245).

Contudo, cabe sublinhar uma especificidade de Portugal nesse contexto. No período de 1500 a 1800, boa parte das grandes potências europeias ocidentais passou por conflitos militares nos quais se pôde acompanhar a evolução das táticas, dos armamentos e da organização militar, num processo que ficou conhecido como "revolução militar". Como se sabe, a revolução militar é caracterizada pela introdução intensiva e extensiva da nova tecnologia militar de armas de fogo, o que resultou em uma série de mudanças não apenas nas técnicas de combate, mas também na organização militar e na relação da guerra com a sociedade (Hespanha, 2003b:9).[1] Portugal, entretanto, ficou de fora desse processo. Sua história militar é a de um país que, durante mais de 150 anos (entre Toro-1476 e a Aclamação-1640), não participou de operações militares terrestres na Europa e que, de experiência, conhecia apenas a guerra ultramarina, em que se defrontavam práticas bélicas peculiares e a guerra de guerrilhas.[2] Com efeito, os esforços de guerra de Portugal concentravam-se, sobretudo, na força naval. Desde pelo menos o século XVI, Portugal tecia uma armada permanente. Apesar de esta comportar funções civis (comerciais), ela era ao mesmo tempo uma armada de guerra, sustentada pela Coroa, da qual era grande sustentáculo em seus êxitos, pelo menos no Oriente, bem como do império ultramarino. Ou seja, a potência naval foi um fator — direto, enquanto força, e indireto, enquanto garantidor de riqueza — de credibilização externa de Portugal (Hespanha, 2003c:360-361).

Diferente era a situação da força armada terrestre. Aí as tradições portuguesas são tardias e pouco permanentes, até pelo menos o século XVII (Hespanha, 2003c). Conforme mencionado, e a exemplo do que acontecia em outras partes da Europa, os monarcas se apoiaram em milícias urbanas para assegurar a existência de uma tropa pronta a servir em caso de necessidade.

A origem dessas milícias mergulha na Idade Média. No período da Reconquista, os *fueros* de Leão e Castela, desde o século XI, e os forais portugueses, desde, pelo menos, 1157, consagravam a obrigatoriedade dos cavaleiros em participar das expedições militares. Com d. Afonso Henriques, no século XIII, os forais declaravam que os súditos eram obrigados a prestar serviços militares a fim de prepararem-se para a guerra a que as disputas territoriais com os mouros

---

[1] Sobre revolução militar, ver Parker (1992).
[2] Hespanha (2003b:9). Sobre guerra de guerrilhas, ver Puntoni (2002).

os obrigavam. Além do serviço militar exigido da população em geral, os monarcas portugueses preocuparam-se, desde final do século XIII, em criar corpos especializados. Assim surgem os besteiros, organizados como a tropa de elite portuguesa no primeiro quartel do século XIV, recrutados entre os mesteirais jovens, ou, não os havendo em número suficiente, entre serviçais e braceiros (Rodrigues, 2003:245). Nesse sistema, o rei era o comandante supremo, sendo a organização das tropas, nesses primeiros tempos, feita em hostes, uma unidade tática dividida em companhias de cavalaria e infantaria (Silva, 2001:46).

Essa modalidade de organização militar se manteve até o início do século XVI. Não existia um exército regular, e o rei continuava a depender dessa estrutura intimamente articulada com a rede concelhia e com as hostes senhoriais.

A partir do século XVI, a estrutura militar lusitana começa a tomar forma mais consistente, com o esboço de um projeto que transformasse a infantaria medieval em tropa regular, em "exército do Estado" (Silva, 2001:48). Nessa esteira é que se tem a criação dos corpos de ordenanças. A publicação do *Alvará de regimento da gente de ordenanças e das vinte lanças da guarda de 1508*, durante o reinado de d. Manuel (1495-1521), consiste, conforme ressalta José Eudes Gomes, em uma primeira tentativa de reformar a antiga organização bélica medieval portuguesa. No entanto, essa primeira tentativa de criação das ordenanças, bem como outras que se seguiram em 1526-1529, encontrou relutâncias, pois esse sistema rompia com uma longa tradição medieval de que a obrigação de comparecimento a esse tipo de serviço só se justificava em caso de invasão do reino. Ainda conforme José Eudes Gomes, uma nova tentativa de criação de companhias de ordenanças em Portugal se deu com a publicação do *Alvará de ordenanças de 7 de agosto de 1549*. Segundo determinava o seu texto, todos os homens livres com idade entre 20 e 65 anos deveriam possuir armas correspondentes à sua fortuna e estatuto social e prestar exercícios aos domingos em corpos de ordenança formados nas localidades, através dos quais deveriam ser literalmente "adestrados" nas movimentações de campo e no manuseio das armas. O *Regimento dos capitães-mores e mais capitães e oficiais das companhias da gente de cavalo e de pé e da ordem que terão em se exercitarem de 10 de dezembro de 1570*,[3] mandado publicar por d. Sebastião (1556-1578) e posteriormente complementado *pela Provisão de 15 de maio de 1574*,[4] determinava novamente a criação de corpos de ordenança nas cidades, vilas, concelhos, terras e lugares de todos os "reinos e senhorios" do rei de Portugal. Organizados em terços e companhias instituía-se, a partir de então, a obrigatoriedade nas ordenanças do engajamento de todos os homens livres capazes de tomar armas entre 16 e 80 anos, excetuando-se eclesiásticos, fidalgos e concessões especiais (Gomes, 2010:75-76). As ordenanças possuíam um forte caráter local e procuravam efetuar um arrolamento de toda a população para as situações de necessidade militar. Os componentes das ordenanças não recebiam soldo, permaneciam em seus serviços particulares, eram conhecidos por "paisanos armados" e somente em caso de grave perturbação da ordem pública abandonavam suas atividades. O termo "paisanos armados" carrega em si a essência do que seria a qualidade militar dos integrantes das ordenanças, isto é, um grupo de homens que não possuía instrução militar sistemática, mas que, de forma paradoxal, era utilizado em missões de caráter militar e em atividades de controle interno (Cotta, 2002:3).[5]

Com a Restauração, em 1640, a organização militar se fecha com a criação de uma força militar de terra de caráter relativamente permanente não mais baseada nas hostes medievais — que na segunda

---

[3] A respeito disso, ver Regimento das Ordenanças de 1570 (Costa, 1816).
[4] Idem.
[5] Disponível em: <www.periodicos.ufrn.br/mneme/about>. Acesso em: 5 fev. 2014.

metade do XVII serão substituídas pelos terços, divididos em companhias — e com a criação das milícias (Bebiano, 2003:50). Após 1640, devido à Guerra da Restauração com a Espanha (1640-1668), o reino português passou a ter a necessidade de se armar rapidamente para se defender de uma potência que, como outras grandes monarquias europeias, dispunha de exército permanente há muito mais tempo. Depois desse conflito na Europa e de outros que vieram a seguir, tais como a Guerra da Sucessão da Espanha (1704-1713) e a Guerra dos Sete Anos (1756-1763), as forças terrestres portuguesas foram se estruturando melhor, embora ainda não se constituíssem em forças poderosas, permanentes e eficazes que transformassem Portugal em uma potência militar (Hespanha 2003c:362).

A Guerra da Restauração foi o mais longo conflito da história militar portuguesa e exigiu novos esforços de recrutamento, mobilização e atualização das forças militares lusitanas, que, como dito, desde a Batalha de Toro, em 1476, não participavam de operações militares terrestres na Europa. Para dar suporte ao conflito foram criadas as milícias ou corpos de auxiliares, em 1642. Essas forças foram reguladas pelo *Alvará de 24 de novembro de 1645*, que ficou conhecido como *Regimento das fronteiras*. Assim como as ordenanças, as milícias deveriam ser recrutadas entre a própria população dos lugares, estar organizada em terços e companhias, comparecer a exercícios militares aos domingos e dias santos e participar de alardos periódicos, sem que isso implicasse o recebimento de soldo. Porém, diferentemente daquelas, seus efetivos poderiam ser deslocados para as fronteiras para auxiliar as forças permanentes na defesa do reino, devendo ser pagos enquanto estivessem em serviço em alguma campanha ou fortaleza (Gomes, 2010:79, 85). As milícias, assim como as ordenanças, deveriam estar organizadas em terços, companhias e esquadras (Cotta, 2002:4). No caso das ordenanças, o comando superior de cada terço seria exercido pelo capitão-mor das ordenanças, posto prioritariamente reservado aos senhores das terras ou alcaides-mores nelas residentes. (Gomes, 2010:77-78). Assim, os postos de ordenanças de mais alta patente eram: capitão-mor, sargento-mor e capitão. Os oficiais inferiores eram os alferes, sargentos, furriéis, cabos de esquadra, porta-estandartes e tambores (Pereira Filho, 1998:5-9). Já nas milícias, sua hierarquia se organizava da seguinte forma: mestres de campo, coronéis, sargentos-mores, tenentes-coronéis, capitães, tenentes, alferes, sargentos, furriéis, cabos de esquadra, porta-estandartes e tambores. Deve-se observar que o título de mestre de campo era atribuído ao comandante do terço de infantaria, ao passo que o título de coronel era atribuído ao comandante do terço de cavalaria (Pereira Filho, 1998:19-21).

De acordo com António Hespanha, as ordenanças em Portugal, e mesmo no ultramar, tiveram um impacto político disciplinador, pois através delas se fazia chegar às periferias as determinações do centro, bem como tiveram um caráter dispersor do poder régio ao fomentar o reforço das elites locais e também ao se opor aos comandos centralizados da tropa profissional paga (Hespanha, 2003c:362).

Para o caso português, alguns autores têm destacado a importância das ordenanças como fonte de poder na esfera local e aliada na implementação das diretrizes administrativas (Monteiro, 1998a:273).[6] Por seu turno, a convivência da Coroa com os poderes locais tem sido apontada como principal contraponto do exercício "absoluto" da autoridade régia em seus domínios (Monteiro, 1998a:275). Segundo Xavier Pujol (1991), o papel que tais poderes desempenharam compreende uma conjugação entre comportamentos classicistas (pois as classes dirigentes das localidades não eram homogêneas, fato que repercutiu em seus comportamentos), solidariedades estamentais e laços de patrocínio, tudo conjugado

---

[6] A esse respeito, ver também Alden (1968:443-446); Hespanha (2003a).

com o poder conferido pela outorga de honras pelo rei. Esse poder era significativo quando a Coroa tinha uma ampla capacidade de patrocínio, visto que, quando usado judiciosamente, permitia incorporar novos grupos sociais ao aparelho estatal e assim ampliar sua base social. Entretanto, tal processo fazia com que a Coroa não pudesse prescindir do apoio desses grupos, dando lugar ao florescimento de clientelas e de redes de intermediários sociais (Pujol, 1991:129).

Vale lembrar que essa sociedade regia-se a partir de um paradigma corporativista segundo o qual o indivíduo não existia sozinho e sim como parte de um todo, ocupando um lugar na ordem, uma tarefa ou um dever social (Hespanha, 1998:59-61). Assim, a partir desse paradigma pregava-se que o poder era, por natureza, repartido, e numa sociedade bem governada essa partilha natural deveria traduzir-se na autonomia político-jurídica dos corpos sociais. A função da cabeça (rei) não era, pois, a de destruir a autonomia de cada corpo social, mas, por um lado, a de representar externamente a unidade do corpo e, por outro, a de manter a harmonia entre todos os seus membros, atribuindo a cada um aquilo que lhe era próprio, garantindo a cada qual seu estatuto ("foro", "direito", "privilégio"); ou seja, realizando a justiça (Hespanha, 1998:61-63).

Desse modo, e conforme destacou António Hespanha, o Estado português na época moderna não deve ser entendido pelo ponto de vista da centralização excessiva, mas com base no conceito de monarquia corporativa. Assim, teríamos uma monarquia na qual o poder real partilhava o espaço político com outras instâncias de poder: Igreja, concelhos, senhores, família; em que o direito legislativo da Coroa seria enquadrado pela doutrina jurídica e por usos e práticas locais; em que os deveres políticos cediam ante os deveres morais (graça, piedade, gratidão, misericórdia) ou afetivos (redes de amigos e clientes); e no qual os oficiais régios teriam ampla proteção de seus direitos e atribuições, tendendo a minar o poder real (Hespanha, 2001a:166-167).

Assim, ao mesmo tempo que se reconheceu a importância dos poderes locais para a efetivação do poder régio em muitos de seus domínios, descobriu-se que sua vitalidade era indissociável da constituição de poderosas elites locais (Monteiro, 1998a:288). Como bem demonstrou Pedro Cardim, o rei estabelecia, com os grupos dirigentes do reino e das localidades ultramarinas, vínculos de interdependência e de complementaridade: o monarca, cada vez mais, contou com os serviços desses homens nomeando-os para os mais variados postos e cargos nos mais variados lugares de seu império. Por seu turno, esses indivíduos esperavam que a realeza os recompensasse devidamente pelos serviços prestados. Esse sistema de remuneração de serviços funcionou como o principal suporte do regime político luso moderno. Em contrapartida, o mesmo sistema de concessão de mercês abriu espaço para uma maior periferização do poder e para a emergência de grupos locais com interesses próprios (Cardim, 1998:134-135).

Dentro desse viés, na última década, estudos que têm se dedicado ao processo de colonização brasileira vêm atentando para a limitação do poder régio lusitano e, consequentemente, para a atuação de poderes locais na construção da autoridade metropolitana na colônia, para a negociação que envolvia as relações entre Coroa e súditos, para a formação de uma "nobreza da terra" e para a influência de práticas e valores do Antigo Regime nos diferentes setores da sociedade.[7] Essa historiografia assinala que as tensões que afetavam os principais grupos de poder na América portuguesa estiveram vinculadas a um dado perfil de formação do súdito colonial, especialmente a

---

[7] A título de ilustração podemos citar Fragoso (2000:45-122); Fragoso, Bicalho e Gouvêa (2001a); Bicalho (2003); Furtado, 1999.

forma e a força da dinâmica local nas relações de poder. Conforme destacou Jack Greene, as elites coloniais foram capazes tanto de opor resistência quanto de usar as instituições metropolitanas em prol de seus objetivos (Greene, 1994, passim).

Ressalte-se que esse processo de atuação das elites no território colonial vinha seguindo um padrão definido em moldes gerais pelas normas e agências institucionais estabelecidas pela própria Coroa. Maria Fernanda Bicalho analisou muito bem a questão, destacando que nas conquistas, através do controle de instituições locais como as câmaras, as ordenanças e as irmandades, as elites coloniais procuraram ter acesso a honras, privilégios e signos de distinção (Bicalho, 2001:207). Esses três órgãos/instituições constituíam-se em esferas de poder local, sendo fundamentais para garantir a convivência "ordenada" da população na América portuguesa (Gouvêa, 1998:310).

No caso das ordenanças, sua importância para a Coroa tem sido atestada por se constituírem em um espaço de negociação que fundamentava os vínculos políticos entre a metrópole e a colônia, sendo, portanto, um canal de encontro e colaboração entre metrópole e comunidades locais, bem como uma esfera de negociação de conflitos e divergências (Mello, 2002:2-9), e também por serem um importante componente da administração lusa na colônia, pois levavam a ordem legal e administrativa da Coroa para os lugares mais longínquos de seu vasto império (Prado Jr., 2000:324). Esse elemento também é ressaltado por Raymundo Faoro, para quem as ordenanças constituíram a "espinha dorsal" da colônia, elemento de ordem e disciplina (Faoro, 2000:222).

Alguns autores destacam que os indivíduos que ocupavam os quadros da oficialidade de ordenanças eram, em sua maioria, membros das elites proprietárias locais, sem nenhuma experiência militar, e que sua posição de patenteado implicava prestígio e poder, mas nenhuma responsabilidade, e por isso atuavam, muitas vezes, de forma independente, violando ordens e abusando de sua autoridade (Aufderheide, 1976:126).[8] Não se desconsidera que os abusos de autoridade existiram; muito menos que os indivíduos atuantes nas ordenanças não se constituíam em meros executantes dos interesses do poder central e de seus representantes ultramarinos, pois eram também agentes representantes de interesses inscritos na esfera local (Mello, 2002:5). Contudo, a ideia de que os oficiais de ordenanças não possuíam nenhuma responsabilidade e de que se constituíam em forças independentes sem nenhuma ligação com o poder régio é demasiado deturpada. Esses estudos não atentaram para o fato de que o rei detinha o controle da nomeação dos oficiais, através da concessão de postos militares, e que por meio disso, e da concessão de outras mercês, a Coroa estabelecia vínculos estratégicos com os colonos que propiciavam a expansão de seus interesses no além-mar (Fragoso, Bicalho e Gouvêa, 2000:75).

Assim, considerando que os corpos de ordenanças eram um poder local nos moldes já explicitados e que os indivíduos atuantes nessa força militar ligavam-se ao núcleo de poder metropolitano em elos de interdependência que davam sustentação à governabilidade régia, para entendermos, na prática, a efetivação desses mecanismos seria essencial uma análise dos homens a quem cabiam seu comando. Em outros termos, para melhor compreensão do exercício da governabilidade do rei em seus domínios ultramarinos e dos mecanismos de funcionamento dos poderes locais — no caso, dos corpos de ordenanças —, seria relevante realizar uma análise da inserção dos indivíduos pertencentes a essa força militar em nível local, considerando as estratégias e recursos de que tal oficialato dispunha para adquirir e atestar sua "qualidade", e desse modo consolidar sua posição de mando. Era fundamental que o ocupante de um posto nas ordenan-

---

[8] Ver ainda Karasch (2003:155).

ças obtivesse autoridade e reconhecimento público e social para que conseguisse tornar-se face visível do poder.

Ressalte-se que o exercício do mando dos oficiais de ordenanças não era algo isolado da sociedade em que se inseriam, ou seja, era algo que necessitava do consentimento dos demais grupos e, para tanto, as negociações assumiam papel fundamental. Como bem ressaltou João Fragoso, a sociedade colonial tinha mecanismos de reprodução e elasticidade, entre os quais a prática de negociação, e obviamente não se desconsidera que tais negociações continham limites tais como a hierarquia estamental. Daí a importância da ideia de estratégias, e com ela a de conflito, como instrumento de análise para entendimento do Antigo Regime nos trópicos (Fragoso, 2002:46).

A presente pesquisa se debruçou sobre esse aspecto. Tendo como pano de fundo o império luso, tivemos por objetivo fazer um detalhado estudo acerca da composição social dos oficiais de mais alta patente das companhias de ordenanças presentes em uma das mais importantes comarcas da capitania de Minas: a comarca de Vila Rica, no período de 1735 a 1777. A reflexão se desenvolveu com base na análise do perfil e da inserção econômica e político-social desse oficialato, destacando-se os mecanismos utilizados por eles para firmar espaços de prestígio e distinção, os quais levavam à consolidação de seus instrumentos de mando e, consequentemente, à legitimação e maximização de "qualidade" e autoridade nessa conquista.

A delimitação espacial que propomos analisar neste trabalho abarca um importante território das Minas Gerais no século XVIII: a comarca de Vila Rica, composta por dois termos: Mariana (antiga Vila do Carmo) e Ouro Preto. O termo de Mariana, já na primeira década do século XVIII, constituiu-se num importante centro religioso e administrativo (Almeida, 1994:47). A instalação do Seminário de Nossa Senhora da Boa Morte, no ano de 1750, reforçou o caráter de centro religioso de Mariana e lhe conferiu outro importante papel: o de centro educacional. De todas as partes da capitania, um grande número de alunos para ali se dirigia com vistas a se ordenar ou se educar. Essa concentração de alunos e professores contribuía para aumentar o dinamismo da cidade. Além disso, Mariana era a sede de uma grande circunscrição judiciária e, portanto, o local onde os habitantes de todo o município resolviam as contendas legais do cotidiano (Almeida, 1994:48). A importância de Ouro Preto configura-se pela própria condição de capital da capitania e de se constituir em um importantíssimo centro comercial: "Ouro preto era a parte principal destas minas e o sítio de maiores conveniências que os povos tinham achado para o comércio".[9] Foi uma região extremamente produtiva e em constante crescimento até meados do século XVIII, tanto em termos da proporção da população nela residente quanto em relação à arrecadação que era capaz de gerar para a administração colonial.[10]

*

Por se tratar de um estudo preocupado em apreender o perfil e os mecanismos de ação de indivíduos, o presente texto teve como principal interlocutor o antropólogo norueguês Fredrik Barth.

Inspirado na matriz de análise weberiana, Barth destaca a ação social como uma das chaves para o entendimento da sociedade, assinalando que seu resultado depende das ações paralelas, ou reações, de outras pessoas, o que significa dizer que não nos devemos prender a comportamentos formais e sim aos processos dos quais eles são produtos (Rosental, 1998:157). Nessa perspectiva, um comportamento humano não é mais a consequência mecânica da obediência

---

[9] Cf. Creação de villas no período colonial (1897).
[10] Ver Almeida (2001), cap. 2-3.

a uma norma e somente será explicado se apreendermos a utilidade de suas consequências em termos de valores adotados pelos atores e pela compreensão da conexão entre os atos e resultados (Barth, 1981e:14-31).

Diz Barth:

> O ponto de partida na análise de uma sociedade é entender o ponto de vista dos próprios atores, pois assim se percebe o sistema agregado não pela sofisticada operacionalidade e índices bem medidos mas pelas categorias cognitivas compartilhadas e os valores dos participantes do sistema [Barth, 1981e:23].

Assim, entender o lugar dos eventos sociais no contexto da sociedade e da cultura que observamos é um passo fundamental na pesquisa. Mas como fazer isso? A partir da observação de tais eventos em padrões de expectativas ou obrigações no sistema social, bem como a partir da observação do entrelaçamento do comportamento com as necessidades do viver cotidiano (Barth, 1981e:24-25). Para Barth, pois, é inimaginável que qualquer participante de um sistema social seja tão constrangido por forças externas a si que suas ações sejam completamente predeterminadas em vez de afetadas por seu próprio entendimento, expectativas e conceituações a respeito dos eventos da vida social (Barth, 1978:253-272).

O argumento básico da obra de Barth é que a ação é fruto da escolha dos atores, e, se tais escolhas dão certo, elas se institucionalizam. Assim, para se entender um comportamento é necessário descrever o processo que o gerou e, dessa forma, ter acesso aos valores que norteiam as ações dos indivíduos, suas estratégias e recursos para que consigam maximizar ganhos. Esse modelo guiado pela geração do processo analisa as escolhas para perceber como se dá a interação entre as pessoas e, através do que o autor denomina transação (sequências de interações sistematicamente governadas pela reciprocidade), é possível perceber as limitações e possibilidades dos atores. Relevante ressaltar que essa dinâmica tem uma mobilidade, e o resultado dela não necessariamente é o que os atores esperavam, visto que existe a ação do outro — a incerteza — como um dos componentes desse processo de interação. Como em Barth o indivíduo é pensado de forma relacional, isto é, em suas relações com outros indivíduos, o social assume uma dimensão dinâmica, visto que muitos elementos estão envolvidos na tecitura do sistema: estratégias, incerteza, concepções e necessidades diferenciadas (Barth, 2000b:107-139). Por isso, estaremos vendo todo o processo de inserção e reprodução do grupo em questão como algo estabelecido a partir de barganhas, já que ele era formado por agentes com *status* diferentes, que vão estabelecendo estratégias e lançando mão de recursos variados. Ou seja, tal processo é sempre algo tenso (Barth, 1981b:119-137).

Em tal perspectiva de análise tem-se como epicentro o homem, as relações interindividuais, o que implica a capacidade do indivíduo de manipular o conjunto de suas relações para tentar atingir certos fins. Assim, analisamos os oficiais de ordenanças como seres dotados de capacidade de raciocínio que buscavam melhorar a posição detida no interior do sistema social em que se inseriam pela adoção de estratégias que visavam ao aumento da capacidade de controle dos recursos que lhes estavam disponíveis (Cunha, 2000:96).

Tendo por base esses pressupostos e pondo em cena um indivíduo ativo e racional que opera escolhas próprias, procuraremos também dar conta das obrigações e das limitações que pesavam sobre os oficiais como agentes representantes simultaneamente dos interesses régios e como indivíduos que tinham e defendiam interesses próprios.

A grande questão será perceber como os valores estavam distribuídos e como o jogo era jogado, pois a partir daí pode-se explicar como a variedade de formas sociais era gerada e como cada ator usava os recursos que possuía a fim de obter a maior vantagem possível. Devemos então identificar as expectativas e obrigações de cada um no jogo para, dessa forma, apreender o processo de construção do mando desses oficiais (Rosental, 1998:158-159).

Saliente-se que a busca por maximização de ganhos podia ser realizada por diferentes escolhas e caminhos, mas que era norteada pela mesma matriz de valores, no caso desta pesquisa, a busca por autoridade e poder de mando. A comparação foi o meio mais contundente de observar, através da análise de diferentes trajetórias individuais, essa "gama de possíveis". Como a ação visava maximizar ganhos, o uso da comparação entre as ações, conforme será indicado no texto, mostrou-se fundamental, visto que possibilitou observar qual ação proporcionava maiores ganhos. Ressalte-se que a possibilidade de fracasso também existia, bem como um ganho mínimo dentro do que se almejava (Barth, 1981c:61-75)

*

Do ponto de vista metodológico, a presente pesquisa terá o nome como fio condutor, de forma a possibilitar um acompanhamento do destino de um indivíduo, observando a complexa rede de relações e contextos nos quais os atores constroem sua história (Ginzburg, 1991:177-178). Assim, o ponto de partida deste estudo foi uma lista elaborada a partir da documentação do Arquivo Histórico Ultramarino, arrolando todos os indivíduos que receberam as mais altas patentes das ordenanças para a comarca de Vila Rica entre os anos de 1735 e 1777. Foram arrolados, ao todo, 136 nomes, os quais englobaram os postos de capitão-mor, sargento-mor e capitão.

Escolhidos os agentes históricos a analisar, procuramos segui-los nas múltiplas relações que mantinham, o que significou investigar tais sujeitos em vários tipos de fontes, de forma a contemplá-los nos diferentes aspectos — cultural, econômico, político etc. — de seu cotidiano (Fragoso, 2002:62).

Com tal método facilitamos o entendimento dos indivíduos como seres portadores de experiências socioculturais, das quais sairiam estratégias de vida. Através dessas estratégias e/ou recursos os diferentes grupos e indivíduos entrariam em barganhas e disputas (Fragoso, 2002:63).

Procuramos levantar o maior número possível de informações para cada um dos nomes listados nos seguintes corpos documentais:

1. documentação avulsa do Arquivo Histórico Ultramarino, relativa à capitania de Minas Gerais. Essa documentação, disponível em CD-ROM no acervo do Instituto de Filosofia e Ciências Sociais da Universidade Federal do Rio de Janeiro, é concernente a alvarás, regimentos, ordens, cartas patentes e de sesmarias, provisões, instruções, doações, ofícios do governador ao rei, consulta ao Conselho Ultramarino, entre outros. Nesse corpo documental encontramos, nas cartas patentes e nas "folhas de serviço militar" dos oficiais, informações valiosas que nos permitiram ter acesso à trajetória de vida desses homens e à sua inserção político-social na região que habitavam, visto que tais fontes dissertam acerca dos serviços que esses militares prestaram à Coroa, das mercês conquistadas e requisitadas, dos cargos administrativos ocupados, bem como de sua participação em serviços de defesa e povoamento da colônia;

2. documentação cartorária composta pelos inventários *post-mortem* e testamentos encontrados no arquivo da Casa do Pilar, em Ouro Preto, e na Casa Setecentista de Mariana, que,

além da investigação do perfil econômico de alguns oficiais, nos permitiu complementar a análise de outras variáveis da inserção política e social desses homens, bem como de suas estratégias sociais;

3. processos matrimoniais guardados no Arquivo Eclesiástico da Arquidiocese de Mariana, utilizados no intuito de investigar as opções matrimoniais de alguns casos mais emblemáticos, bem como suas estratégias familiares;

4. leis militares acerca dos corpos de ordenanças presentes na Biblioteca Nacional, coletadas a fim de compreender a estrutura organizacional das companhias de ordenanças, ou seja, sua natureza, seu caráter, sua forma de recrutamento, a composição de suas tropas, sua hierarquia e política de utilização;

5. *Revista do Arquivo Público Mineiro*.

*

O trabalho foi dividido em três capítulos, de forma a permitir uma melhor visualização de como se constituiu o corpo de oficiais de mais alta patente das companhias de ordenanças na região e no período enfocados. No primeiro capítulo, optamos por abordar a estrutura de funcionamento dessa força militar, dissertando acerca de suas bases organizacionais e legislativas, tanto para o reino quanto para o ultramar, atentando também para as medidas tomadas nos campos do domínio financeiro e da administração militar, a fim de dar suporte a essa estrutura mais geral da organização militar lusa. Além disso, colocando em foco o caso de Minas Gerais, procuramos, também no primeiro capítulo, analisar o caráter desses corpos, sua hierarquia, contingente e disposição de suas tropas pela comarca de Vila Rica, de forma a termos um retrato da orgânica dos corpos de ordenanças, desde sua criação no reino até sua instalação na América portuguesa e, mais especificamente, em Minas Gerais.

O segundo capítulo tratou da reconstituição do perfil e da inserção sociopolítica e econômica dos oficiais de alta patente pertencentes aos corpos de ordenanças presentes na comarca da Vila Rica. Procuramos compreender o recrutamento dessa elite militar, seu enquadramento social, as possibilidades de mobilidade entre os agentes, bem como seus mecanismos de promoção.

Por fim, o terceiro capítulo abordou as estratégias traçadas e os recursos disponíveis para que os oficiais fossem vistos e permanecessem como homens de "qualidade" e, portanto, detentores de mando. Atentamos para o valor norteador de suas ações, ou seja, para aquilo que orientava sua busca por maximização de ganhos que, no caso desta pesquisa, se traduziu na busca de autoridade e construção de sua legitimidade social.

CAPÍTULO 1

Apresentando as forças

O quadro organizacional das ordenanças em Portugal

O Alvará Régio de 1508, do rei d. Manuel, lançou as bases do sistema de ordenanças em Portugal. Denominadas *gente da ordenança das vinte lanças da guarda*, eram, nesses primeiros tempos, constituídas de mercenários estrangeiros, não tendo ainda sua característica de permanência. Anos depois, em 1549, d. João III publicava um regimento no qual determinava que os serviços de armas cabiam a todos os súditos com idade entre 20 e 65 anos, no reino e nos quatro arquipélagos atlânticos. Com esse documento introduzia-se em Portugal aquilo que Joaquim Romero de Magalhães chamou de "princípio de militarização geral da sociedade" (Rodrigues, 2003:245).

Sobre essa estrutura, e perante a necessidade de um aparelho militar local bem montado, as leis e regimentos de d. Sebastião — com destaque para a "Lei de Armas (6/12/1569)", o "Regimento dos Capitães-Mores e mais Capitães e Oficiais das Companhias (10/12/1570)" e a "Provisão sobre as Ordenanças (15/5/1574)" — ampliaram as medidas anteriormente tomadas. Vejamos mais pormenorizadamente esses regulamentos sebásticos que se constituíram no eixo estruturante da organização militar que marcou todo o Antigo Regime português (Rodrigues, 2003).

A "Lei de Armas" estabeleceu algumas regras para o funcionamento dessa força militar. Estendeu a todo o reino a instituição das ordenanças, que inicialmente havia sido estabelecida somente para Lisboa; estipulou que todos os homens entre os 20 e os 65 anos estavam convocados automática e permanentemente para a defesa do país, excetuando-se os sacerdotes, magistrados e outros funcionários graduados do governo ou pessoas doentes e deficientes físicos ou mentais; e determinou que cada fidalgo, cavaleiro, escudeiro ou assemelhado deveria participar da ordenança com certa quantidade de recursos e equipamentos, dependendo da sua renda (Mello, 2002:21).

O "Regimento das Ordenanças ou dos Capitães-Mores" organizou mais sistematicamente essa força militar, dissertando sobre sua hierarquia de comando, o processo e critério eletivo do preenchimento de seus postos, suas obrigações, a composição das companhias, a forma de recrutamento, o adestramento militar, os exercícios periódicos e sua organização territorial. Estabeleceu também algumas alterações, como a mudança nos limites de idade da convocação dos homens, agora feita, como já mencionado, entre aqueles com idade entre 16 e 80 anos.

O regimento de 1570 estabelecia a eleição do capitão-mor nos lugares onde o dono da terra não estivesse presente e onde não houvesse alcaides-mores. O processo eletivo era realizado na câmara local, com a necessária presença do corregedor e do provedor da comarca (Salgado, 1985:100), sendo que:

> Na eleição dos ditos capitães, especialmente os mores, terão sempre respeito que se elejam pessoas principais da terra e que tenham partes e qualidades para os ditos cargos.[11]

---

[11] Cf. Regimento das Ordenanças de 1570 (Costa, 1816:1-2).

O capitão-mor recebia o juramento e fazia as escolhas, juntamente com a câmara, dos demais oficiais: sargento-mor, capitão de companhia, alferes e sargento. No topo dessa hierarquia, o capitão-mor encarregava-se de engajar a população no serviço das ordenanças, bem como visitar e determinar a formação de companhias. Teoricamente cada companhia de ordenança deveria ser composta de 250 homens, distribuídos em 10 esquadras de 25 homens, sob o comando do capitão de companhia. Este se subordinava diretamente ao capitão-mor e tinha em sua companhia um alferes, um sargento, um meirinho, um escrivão, 10 cabos de esquadra e um tambor. Em caso de afastamento, a substituição seguia a ordem da hierarquia (Costa, 1816:1-7). Eventualmente haveria, ao lado das companhias de infantaria, as companhias de cavalo, para enquadrar a gente nobre do concelho (Hespanha, 2003d:169). Posteriormente o número de soldados de uma companhia foi reduzido para 60 homens, o que geralmente correspondia a quatro esquadras de 15 soldados. Onde era possível, as companhias de ordenanças eram reunidas em unidades maiores, denominadas terços de ordenanças. Cada terço era composto de quatro companhias, o equivalente a um efetivo de mil soldados. Esse efetivo era exatamente um terço (1/3) do efetivo da unidade superior, o regimento de ordenanças, que tinha 3 mil soldados (Pereira Filho, 1998:7).

Em maio de 1574, o mesmo d. Sebastião editou a "Provisão das Ordenanças", repleta de novas instruções que complementavam o regimento de 1570, fundamentadas nas necessidades decorrentes da atuação prática dessa força militar.[12] Por sua determinação, nos lugares onde só houvesse uma companhia de ordenanças, o comando da tropa seria exercido pelo capitão de companhia existente, e não

---

[12] Para maiores detalhes ver Provisão das Ordenanças de 1574 (Costa, 1816).

mais pelo capitão-mor, exceto quando este fosse o próprio senhor das terras.

A provisão de 1574 reafirmava ainda a obrigatoriedade de todos os moradores possuírem armas, além de encarregar funcionários — juízes de fora ou capitães-mores — de zelar pelo cumprimento dessas determinações num prazo máximo de seis meses. Estabelecia também a competência do sargento-mor da comarca, cuja função era vistoriar as companhias de ordenanças sob sua jurisdição, bem como promover o adestramento da tropa e fiscalizar o estado de conservação do armamento. Além disso, era obrigado a possuir um livro de registro onde constasse o número de companhias existentes na comarca, o total de indivíduos engajados e os nomes dos capitães-mores, capitães de companhia e alferes. Os capitães de companhia, sargentos-mores, alferes, sargentos e cabos de esquadra tinham de seguir à risca as recomendações do sargento-mor da comarca; caso contrário, seriam submetidos a penas pecuniárias estabelecidas de acordo com a patente do infrator. A execução das condenações ficava a cargo do ouvidor, do provedor ou do juiz de fora e, na ausência de alguma dessas autoridades, dos juízes ordinários (Salgado, 1985:101-102).

Refira-se desde já que as reformas sebásticas concederam às câmaras um papel central na organização das ordenanças tendo em vista que estas ficaram responsáveis pelas eleições dos oficiais, sendo os membros da câmara eleitores e elegíveis ao mesmo tempo, o que reforçava o poder das elites locais (Rodrigues, 2003:245).

Na eleição para os capitães-mores de cada vila, cidade ou concelho, os oficiais da câmara municipal deveriam avisar o ouvidor ou o provedor da comarca, que era obrigado a comparecer àquela para, juntamente com os camaristas, escolher três pessoas do local "da melhor nobreza, cristandade e desinteresse". Os nomes e as devidas justificativas eram enviados ao governador de armas da localidade, que, com base nas informações dadas pelos oficiais da câmara e pelos funcionários régios encarregados de supervisionar as eleições, propunha ao rei — através do Conselho de Guerra metropolitano — as pessoas mais convenientes para a ocupação do posto (Salgado, 1985:105-106).

A eleição dos sargentos-mores e capitães de companhia se realizava segundo esse mesmo modelo. Diferia apenas na composição do grupo de escolha: em lugar do ouvidor ou provedor da comarca, a opção pelos três nomes cabia aos oficiais da câmara municipal em conjunto com o alcaide-mor ou capitão-mor e, na falta destes, recaía obrigatoriamente sobre as pessoas residentes nos limites da vila, cidade ou conselho. A escolha final caberia ao Conselho de Guerra. Este era responsável por expedir as patentes — assinadas pelo rei — de capitão-mor, sargento-mor e capitão de companhia. As vagas para os postos de alferes e sargentos de companhia eram preenchidas por nomeação, recaindo a escolha sobre "as pessoas mais dignas e capazes de suas companhias". Tais nomeações, realizadas pelos capitães de companhia, deviam ser aprovadas pelo capitão-mor e confirmadas pelo governador das armas. Se incidissem sobre pessoas incapazes para o exercício do cargo, eram indicados outros nomes (Salgado, 1985:105-106).

Como referido, a eleição para todos esses postos se processava entre as "pessoas principais" residentes nas respectivas localidades. O termo "pessoas principais" traduzia-se em homens com capacidade de mando, que se mostravam extremamente desejosos de títulos e honras. Pode-se dizer que os privilégios da ocupação de um posto nas ordenanças não representavam diretamente ganhos monetários — o que representava para a Coroa uma economia em gastos diretos com a administração —, mas sim produção ou reprodução de prestígio e posição de comando, bens não negligenciáveis no Antigo Regime, bem como isenções de impostos e outros privilégios (Salgado, 1985:111).

O comando e mesmo a criação das tropas de ordenanças eram um fator de prestígio. Lembremos também que o exercício das armas era um fator nobilitante nesse contexto (Rodrigues, 2003:247). Na verdade, pode-se dizer que uma patente das companhias de ordenanças atribuía a seu possuidor um poder de atuação em dois sentidos. Pelo próprio Regimento das Ordenanças de 1570 ficava estipulado que os "capitães-mores e os capitães das companhias locais ficavam com um poder imenso de escolha dos aptos e não aptos para o serviço militar" (Magalhães, 1993:110), o que proporcionava aos oficiais uma rede de influências muito importante sobre os habitantes das localidades onde se instituíam, pelo conhecimento detalhado da população e pela autoridade de impor-lhes o treino militar (Mello, 2002:32). Além disso, as patentes eram um instrumento de nobilitação, visto que os oficiais podiam "gozar e usar do privilégio de cavaleiro, posto que o não seja. Gozam sim do privilegio de nobres, mas não adquirem nobreza" (Costa, 1816:44).

A vocação militar era vista como um elemento definidor da identidade nobiliárquica. As relações entre as nobrezas e as monarquias europeias no período moderno foram muito variáveis, oscilando desde as situações de militarização da nobreza pela monarquia (caso da Prússia) até aquelas em que o serviço militar da nobreza era voluntário, caso da Espanha, da França e também de Portugal (Gouveia e Monteiro, 1998:180).

Somente na segunda metade do século XVIII é que se tomaram medidas em Portugal para que a assimilação imemorial "nobreza/guerra" desse lugar à noção de que a guerra seria uma arte nobre, porém técnica. Nesse contexto é que a afirmação do estatuto militar, o papel dos engenheiros militares, dos matemáticos da balística e das táticas, aliados a um discurso fundamentador de uma autonomia de saber, adquiriram peso ímpar (Gouveia e Monteiro, 1998). Nesse campo, e dentro de uma esfera estritamente militar, é enorme o peso adquirido pelos trabalhos e pela ação do conde de Lippe. Foi na década de 1760 que ocorreram os maiores esforços no sentido de reformar o exército português, que passou a contar com a ajuda do conde de Schaumburg-Lippe, um dos oficiais de maior prestígio na época. Chegado a Portugal em 1762 à sombra do pacto da família,[13] teve entre suas principais preocupações a melhoria das fortificações e a introdução de novas regras de recrutamento, aprendizagem, fardamento e disciplina. Criar um corpo militar, ultrapassando o bando, foi sua preocupação fundamental (Mello, 2004;181).

Paralelamente, medidas nos campos do domínio financeiro e da administração militar também foram sendo tomadas ao longo da organização da estrutura mais geral da organização militar para lhe dar suporte. Temos, por exemplo, a criação da Junta dos Três Estados (pelo Decreto de 18/1/1643), responsável pela gestão das quantias votadas pelas cortes para o sustento da guerra, bem como a criação da vedoria-geral, contadoria-geral e pagadoria-geral do exército (pelo Regimento das Fronteiras, de 29/8/1645). Essas três instâncias supervisionavam a administração financeira das tropas, o sistema de promoções, baixas, pagamentos de soldo, suprimentos e contabilidade geral das tropas (Hespanha, 2003d:175).

No domínio da administração militar criou-se o Conselho de Guerra (por um regimento de 22/12/1643). Tratava-se de um tribunal real com atribuições de dar pareceres aos postos militares su-

---

[13] O pacto da família constituiu-se em um pacto firmado em agosto de 1761 pelos integrantes da família dos Bourbons, então reinantes na França, para defenderem seus Estados mutuamente. Nesse mesmo período a França participava da Guerra dos Sete Anos contra a Inglaterra. Na ocasião, embora d. José de Portugal fosse casado com uma princesa Bourbon, não podia aderir ao pacto da família e auxiliar na defesa do território francês, pois era aliado da Inglaterra. Portugal tentou, por um tempo, permanecer neutro ao conflito, mas as pressões inglesas levaram o rei a participar da fase final da guerra como seu aliado, ficando assim em lado oposto ao da família Bourbon (Mello, 2004:69).

periores sobre recrutamentos, sobre fábrica de naus e sobre fortificação de lugares.

Abaixo do Conselho de Guerra, nas províncias, havia os governadores de armas das províncias, cargo criado pelo regimento de 1650. Estes eram encarregados da administração militar no que concerne ao recrutamento, à supervisão das obrigações quanto a armas e cavalos e à avaliação da qualidade dos oficiais de ordenanças, eleitos pelas câmaras (Hespanha, 2003d:175).

O quadro organizacional das ordenanças na América portuguesa

Segundo Maria Fernanda Bicalho, a guerra pode ser considerada uma das chaves explicativas da relação entre colônia e metrópole, fundamentando toda a lógica do sistema colonial, visto ter marcado uma das modalidades de exercício de poder e controle dos homens pela Coroa: a arregimentação e a militarização da população colonial (Bicalho, 2003:334). O fato de a monarquia portuguesa ter procurado constituir-se com um caráter militar foi um pressuposto também transmitido para a América portuguesa, uma vez que, desde o início da colonização, a Coroa procurou transformar cada colono em um homem de guerra (Silva, 2001:71-73).

O aspecto militar sempre esteve presente na política colonizadora, em que a preocupação com a defesa e conservação dos domínios ultramarinos era fator primordial no seio das questões administrativas, sendo isso feito tanto pela militarização dos colonos naturais e reinóis quanto pelo reforço da obediência dos súditos à autoridade de seus governantes, representantes da soberania real no além-mar (Bicalho, 2003:332).

Em 1548, com a instituição do governo-geral, a Coroa elaborou as primeiras normas para a organização militar na colônia que, no entanto, girava ainda em torno dos moradores locais. O regimento de 1548, passado ao primeiro governador-geral, Tomé de Sousa, definia essas primeiras medidas para uma organização militar na colônia. O referido regimento estipulava que os capitães-mores, os senhores de engenho e demais moradores tivessem artilharia e armas, discriminando detalhadamente os tipos e quantidades de armamento. Concedia o prazo de um ano para a sua aquisição por parte dos moradores, findo o qual era prevista punição aos não cumpridores de suas determinações. Para verificar se as ordens estavam sendo obedecidas e executar as penas em caso de falta, foi estabelecido que o provedor-mor se encarregasse de realizar a inspeção e, na sua ausência, os provedores da capitania exerceriam tal função. Para segurança e defesa das povoações e fortalezas do Brasil, os capitães e os senhores de engenho seriam obrigados a sustentar o efetivo militar: cada capitão deveria ter em sua capitania pelo menos dois facões, seis berços, 20 arcabuzes, a pólvora necessária, 20 bestas, 20 lanças, 40 espadas e 40 corpos de armas de algodão; cada senhor de engenho, ao menos quatro berços, 10 espingardas e a pólvora precisa, 10 bestas, 10 lanças, 20 espadas e 20 corpos de armas de algodão; e cada morador que tivesse no Brasil casas e terras devia ter pelo menos besta, espingarda, lança e espada.[14]

Assim, desde o regimento de 1548, procurou-se organizar cropos de ordenanças na América portuguesa, a exemplo do que ocorria no reino, sendo seus comandantes responsáveis diretos pela defesa local (Pereira Filho, 1998:12).

---

[14] Para conhecimento do regimento citado, ver Amaral e Bonavides (2002:157-170).

A fim de armar a população da colônia através de imposições legais, a Coroa promulgou o Alvará de Armas, de 1569, que tornava obrigatória a posse de armas pelos homens livres (Puntoni, 2004). No entanto, essas medidas não conseguiram organizar o sistema de defesa e transformar as ordenanças em uma força militar regulamentada. Isso foi feito com a promulgação do já citado Regimento das Ordenanças, de 1570 (ou Regimento dos Capitães-Mores), que ampliou as providências contidas no de 1548, estabelecendo a formação de corpos de ordenança nas capitanias (Pereira Filho, 1998:4-11).

Outras leis referentes às ordenanças foram editadas no Brasil. O regimento de 1677, passado ao governador-geral Roque da Costa Barreto (1678-1682), exortava os governadores ao cumprimento do Regimento de Fronteiras, particularmente no tocante às regras de promoção dos oficiais (Cotta, 2005:126). Em março de 1689, o monarca publicou uma carta régia na qual ampliava os poderes dos governadores, determinando que pudessem prover os postos de oficiais da milícia e das ordenanças. Essa lei, no fim das contas, cerceava em grande medida o poder da câmara municipal, responsável até então pela organização das ordenanças e das eleições dos oficiais. Em outros termos, os oficiais deixavam de ser indicados pela câmara ao Conselho Ultramarino, passando tal papel a ser do governador da capitania. A câmara limitava-se apenas, a partir de então, a sugerir nomes aos governadores (Bicalho, 1998:6). Outra lei, editada em 1749, tornou o cargo de capitão-mor vitalício, em lugar de ser trienal. Em abril de 1758, foi editada a "Provisão de Ordenanças", extinguindo os cargos civis de meirinhos e escrivães das companhias, passando suas funções para os sargentos. Assim, todas as funções da companhia passaram a ser exercidas exclusivamente por militares (Pereira Filho, 1998:8).

Não podemos deixar de citar a política de reorganização militar implementada em Portugal em 1760, com o marquês de Pombal, que também teve seus reflexos no Brasil. A política de Sebastião de José de Carvalho e Melo em relação ao Brasil se apoiou em três pilares: a defesa do território, a expansão econômica e o fortalecimento do poder central (Azevedo, 1927:167-203 apud Boschi, 2002:78-79). Se, em Portugal, a Coroa delegou a tarefa de organização de seu exército ao conde de Schaumburg-Lippe, no Brasil isso foi feito pelo tenente-general austríaco João Henrique Böhm, influenciado pelo modelo do conde de Lippe, bem como pelo morgado de Mateus, d. Luís Antônio de Sousa, e pelo marquês de Lavradio, dois dos aristocratas mais eficientes que haviam trabalhado com Lippe (Maxwell, 1996:126).

Outras modificações na organização militar da colônia foram realizadas durante o século XVIII, com o objetivo geral de reduzir gastos e evitar os abusos cometidos, recriando cargos e redefinindo critérios para seu provimento. Uma das mudanças foi a ocorrida no papel das milícias: por decreto de 7 de agosto de 1796 e resolução de 22 de fevereiro de 1797, a milícia passou à categoria de tropa de segunda linha, sendo a composição de cada regimento feita por comarcas e distritos. Na mesma época, estabeleceu-se que os postos superiores desse corpo auxiliar seriam preenchidos por oficiais recrutados nas tropas pagas. Juntamente com as ordenanças, as milícias persistiriam como um dos segmentos da organização militar em todo o período colonial, e ambas foram extintas apenas em 1831, com a criação da Guarda Nacional (Salgado, 1985:110).

As tropas de ordenanças em Minas Gerais

A introdução das companhias de ordenanças em Minas Gerais data de 1709. Instituídas por uma carta régia, elas foram sendo sistematicamente organizadas em diversas vilas e arraiais da região mineira que haviam sido criados recentemente, tais como Ribeirão do Carmo, Vila Rica, Sabará e Brejo do Salgado (Pereira Filho, 1998:13).

Alguns autores têm destacado, direta ou indiretamente, a relevância do papel desempenhado pelos corpos de ordenanças para a efetivação da colonização das Minas, por terem auxiliado na repressão interna de levantes, no controle de opiniões contrárias à excessiva tributação à qual os povos da capitania estavam sujeitos e no controle do inimigo, isto é, do gentio, do quilombola e do vadio.[15] Além disso, na concepção das autoridades portuguesas, os corpos de ordenanças funcionariam também como um instrumento pedagógico, a mostrar a cada vassalo o seu lugar na ordem da sociedade.[16]

A partir das notícias do descobrimento de ouro na região de Minas Gerais, a Coroa procurou agilizar a montagem de estruturas administrativas, legais e militares que pudessem implementar medidas de controle sobre o espaço mineiro. A Coroa desejava conhecer o território, tencionando controlá-lo, saber suas potencialidades, impedir extravios e sonegações de impostos e estabelecer a ordem pública. Num território vasto, inóspito e desconhecido, a informação e o saber constituíam indispensáveis elementos de poder. Nesse aspecto, os militares constituíram-se em fortes colaboradores, pois, ao dispor de mobilidade, possuíam vasto conhecimento do território, "dois dos fatores indispensáveis à conservação da ordem e manutenção da tranquilidade pública" (Cotta, 2005:258).

Assim, no campo da atuação militar, há de se destacar as especificidades da capitania, entre elas a preponderância dos assuntos relacionados às questões da manutenção do controle social inter-

---

[15] Sodré (1979 apud Silva, 2001:95); Mello e Sousa (2004). Ver também Amantino (2001, cap. 4).
[16] A perspectiva pedagógica dos corpos de ordenanças foi destacada por Prado Jr. (2000); Faoro (2000); Mello (2002 apud Cotta, 2005:242-243).

no. Não se desconsidera que a preocupação com a ordem interna também estivesse presente nas políticas militares das demais capitanias no período colonial, porém, em Minas Gerais, tal aspecto sobressaiu entre outros assuntos relacionados com o campo militar. Em capitanias como Rio de Janeiro e Bahia a preocupação central era com a defesa marítima. Outras capitanias, como Goiás, Mato Grosso, Pará e mesmo São Paulo se dedicavam, primordialmente, à defesa das fronteiras terrestres — que iam do Mato Grosso ao Amapá. Já no Sul, a preocupação maior girava em torno da expulsão dos espanhóis. Em Minas Gerais, devido à chegada de um grande fluxo populacional durante boa parte do século XVIII, em decorrência do ouro, formou-se um clima de instabilidade social, de forma que o eixo central das preocupações relacionadas ao campo militar ficou sendo a manutenção da ordem pública interna, o que teria proporcionado certa especialização "policial" precoce (Cotta, 2004:218).

Minas Gerais destacava-se entre as outras capitanias da América lusa por sua contribuição em termos econômicos para a Coroa, pois com o ouro daí advindo a região passou a ter papel significativo no cenário mundial do século XVIII, equilibrando as finanças portuguesas (Boxer, 2000b). No vasto império português setecentista, poucos foram os territórios em que as contradições do viver em colônia se exprimiram de forma tão acentuada como nessa capitania, onde a sociedade fluida, volúvel e complexa exigia dos administradores um cuidado maior que nem sempre as autoridades reinóis distinguiam e entendiam, não estando a capacidade administrativa submetida a regras ou normas genéricas que não levassem em conta as singularidades locais (Mello e Souza, 1999a:14). Não por acaso, nessa capitania as ordenanças tiveram ainda muito cedo um papel de controle e morigeração das populações (Souza, 1908:523-639).

Numa região marcada por alta densidade populacional, elevados índices de violência, inúmeras jazidas de riquezas naturais e considerável imensidão territorial seria impossível para os dragões, a tropa regular de Minas, desempenhar de maneira eficiente sua missão, se não fosse pelo auxílio dado pelos corpos de auxiliares e de ordenanças (Cotta, 2005:229).

Em cada vila das Minas, agrupadas em quatro comarcas (Vila Rica, Vila Real do Sabará ou Rio das Velhas, Rio das Mortes e Serro Frio), existia um capitão-mor responsável por um conjunto de ordenanças de homens pardos, negros libertos e brancos.[17]

Para o território das Minas Gerais, não se tem uma relação completa dos corpos de ordenanças existentes na capitania. Entretanto, na segunda metade do século XVIII, algumas autoridades régias residentes nas Minas, sob os auspícios da orientação de Pombal, que visava reestruturar as forças bélicas daquele domínio luso, procuraram contabilizar os homens militarmente úteis. É nesse contexto que se tem a promulgação da carta régia de 22 de março de 1765, dirigida ao governador de Minas, para que

> mande alistar todos os moradores desta Capitania sem distinção de cores e classes, que pudessem pegar em armas, e formar por classes, Terços Auxiliares e Ordenanças de ambas as armas (infantaria e cavalaria), criando os oficiais precisos, e mandando disciplinar cada um dos Terços Auxiliares por Sargento-mor tirado das tropas pagas, que vencerão o mesmo soldo que os das tropas pagas, que estão nesta Capitania, pagos pelos rendimentos das Câmaras.[18]

---

[17] As localidades com população inferior a 100 moradores não teriam capitão-mor e o comando militar caberia ao capitão de distrito (Cotta, 2005:185).
[18] AHU/MG/cx.: 85, doc.: 42.

Desse modo, foram elaborados alguns mapas com a disposição das companhias de ordenanças existentes na capitania, aos quais recorremos agora para termos uma noção de seu contingente, espalhados pelas comarcas mineiras, no ano de 1764.

Quadro 1

Número de companhias de ordenanças existentes na capitania de Minas no ano de 1764

Comarcas	Nº de companhias		
	Homens de pé	Pardos	Pretos
Vila Rica	33	21	17
Rio das Mortes	51	17	15
Rio das Velhas	22	15	13
Serro Frio	47	23	13

Fonte: Relação de quatro regimentos de cavalaria auxiliar e dragões de MG, 1764. AHU/MG/cx.: 84, doc.: 70.

Apesar de não estar evidenciado no quadro acima, as ordenanças estavam divididas em "homens de pé" e "homens de cavalo", bem como em tropas de brancos, pardos e negros, ou seja, hierarquizada segundo a cor.[19] No Brasil, a designação infantaria ou cavalaria era aplicada somente aos corpos militares regulares e auxiliares. De acordo com a legislação e com a tradição lusitana, não haveria ordenanças de homens de cavalo formadas por pardos ou negros libertos. As ordenanças de homens de cavalo eram destinadas aos brancos. Por outro lado, os homens brancos pobres desprovidos de montaria e de escravo, responsável pelo trato do semovente, seriam reunidos

---

[19] Conforme ressaltou Stuart Schwartz, devido à forte presença do escravismo, a sociedade colonial brasileira, desde seus primórdios, teve suas relações sociais estruturadas a partir da cor e da raça. Assim, esses dois componentes também hierarquizaram e criaram critérios de *status* que permearam a vida social da colônia (Schwartz, 1988, cap. 9).

nas companhias de ordenanças de pé. Os homens pardos e negros estariam agrupados, basicamente, no caso das ordenanças, nas companhias de ordenanças de pé, nos corpos de pedestres e nos corpos de homens do mato (Cotta, 2005:186).

A despeito de o corpo militar ser designado por sua localidade, abundavam casos em que o regimento, companhia ou terço era conhecido pelo nome do seu comandante (Cotta, 2005:114).

Quadro 2

Resumo geral das forças militares de Minas em 1768

Número de companhias	Força	Número de praças
67	Cavalaria ligeira, dragões e auxiliares dos regimentos de Fraga, Souza, Azevedo, Soutto e Lacerda.	4.163
167	Ordenanças dos corpos de Pontes, Maciel, Nogueira, Carvalho, Vieira, Neves, Villar, Monroy e Coelho.	11.575
99	Pardos libertos dos referidos distritos.	6.020
55	Pretos libertos do referidos distritos.	3.442
388	Total	25.200

Fonte: Mapas sobre capitação de escravos, entradas, dízimos, escravos, forças militares de Minas e cálculos da provedoria, 1768. AHU/MG/cx.: 93, doc.: 58.

Como mostra o quadro 2, as companhias de ordenanças em Minas eram associadas aos nomes de seus comandantes. Por exemplo, o Corpo de Pontes remetia ao regimento comandado pelo capitão-mor José da Silva Pontes, e o Corpo de Maciel remetia ao regimento comandado pelo capitão-mor José Alves Maciel. Ressaltava-se, nesses casos, a figura daquele oficial que estava no comando, que organizou, fardou e equipou o corpo militar com seus próprios recursos financeiros (Cotta, 2005).

A historiografia tem chamado atenção para o fato de que na América portuguesa, diante da dificuldade da metrópole em financiar as despesas militares da colônia, não raro se transferiram os custos da própria defesa aos colonos, que assumiam, através de tributos e trabalhos, os altos custos da manutenção do império. Inúmeros foram os expedientes utilizados pelas autoridades militares para a defesa das conquistas. Constava entre eles a mobilização periódica da população, a requisição compulsória de seus escravos para construção e reparo de fortalezas, a tentativa de arregimentação de homens de qualquer "qualidade" — incluindo índios e vadios — para o preenchimento das tropas e para socorrer a Coroa nos momentos de suposto perigo e o sustento das mesmas (Bicalho, 2003:305-318). Tais imperativos facilitavam o atrelamento da figura do comandante com seu corpo militar.

O comandante do corpo militar assumia assim o papel de cabeça; os oficiais, sargentos, cabos e soldados seriam os membros, denotando que o universo militar, como não poderia deixar de ser, era também influenciado pelo paradigma corporativista (Cotta, 2005:114) segundo o qual o indivíduo não existe sozinho e sim como parte de um todo, ocupando um *lugar* na ordem, uma tarefa ou dever social (Hespanha, 1998:59-61).

A principal função do comandante era saber quantas pessoas existiam, na localidade em que atuava, capazes de pegar em armas, ou seja, ter conhecimento da população militarmente útil, o que lhes atribuía um forte poder na escala local (Costa, 2003a:74). Seguindo essa lógica, conheceriam os moradores de sua ordenança e, consequentemente, os estrangeiros que por lá andassem (Cotta, 2005:244).

Além disso, o conhecimento que esses oficiais adquiriam ao se espalharem por diferentes localidades e aí se fixarem era útil para a Coroa também em tarefas relativas aos levantamentos de dados. Com as informações coletadas por esses oficiais, elaboravam-se mapas das populações, estatísticas acerca da estrutura econômica das localidades — incluindo número de plantações e escravos —, avaliavam-se as possibilidades de rendas e procedia-se, de acordo com a conveniência, à abertura ou ao fechamento de caminhos (Cotta, 2005).[20] Maria Alexandre Lousada destaca que "saber quantos são e onde se localizava a população das Minas é considerado o primeiro passo para o exercício mais eficaz da vigilância, da manutenção da ordem e da repressão" (Lousada, 1996:70 apud Cotta, 2005:247).

Maria Elisa Linhares Borges destaca a participação dos oficiais militares pertencentes aos corpos auxiliares e de ordenanças em ações de apoio logístico e mesmo no fornecimento de conhecimentos locais para as expedições cartográficas: "O conhecimento que os *paisanos armados* tinham do território não só viabilizava as atividades corriqueiras da vida militar, como também facilitava a locomoção do cartógrafo em áreas por ele desconhecidas" (Borges, 2001:112 apud Cotta, 2005:247).

Tendo abordado a organização mais geral dos corpos de ordenanças, o que nos permitiu entender os mecanismos de funcionamento formais e institucionais dessa força militar, convirá, agora, observar mais de perto os homens a quem cabia seu comando, para que, através da investigação do perfil e da trajetória de vida desses oficiais, possamos entender os mecanismos de funcionamento interno das ordenanças, isto é, como se efetivavam na prática as relações entre poder central e local.

---

[20] Ver também Alden (1968:444-445).

CAPÍTULO 2

A caracterização social das chefias militares

Nobreza guerreira, nobreza política:
a exigência da "qualidade social"

Até a década de 1980, no Brasil, o interesse pela história militar no período colonial tinha se mostrado bastante reduzido (Mello, 2002:1). Boa parte dos autores que haviam se debruçado sobre o tema ou o abordaram de forma indireta ou tiveram como preocupação central a análise de aspectos institucionais das forças militares da colônia.[21] No entanto, desde a década de 1990, tem havido no Brasil um crescente interesse pela história militar, e não só aquela referente ao período colonial.[22] Chega-se mesmo a falar em "nova história militar".[23] Os historiadores que assumem esse ponto de vista censuram uma história militar considerada "tradicional", cuja narrativa, sobremaneira memorialista, estava pautada na descrição

---

[21] A título de exemplos, podemos citar: Prado Jr. (2000); Faoro (2000); Leonzo (1977); Bellotto (1979); Peregalli (1986).
[22] Anastasia (1998); Silva (2001); Kraay (2001); Cotta (2005); Mello (2002); Castro, Izecksohn e Kraay (2004); Gomes (2010); Possamai (2012).
[23] Hespanha (2003a); Castro, Izecksohn e Kraay (2004).

densa de batalhas, sem a busca de uma problematização analítica ou reflexão central. Criticam também o culto de grandes heróis. Outra crítica é a de que a historiografia militar tradicional naturalizava o comportamento humano e as instituições militares, tornando-os, em última instância, a-históricos. Isso ocorria, segundo os críticos, porque não havia interesse em se compreender o comportamento e as instituições militares em seus contextos social, político, econômico e cultural (Moreira e Loureiro, 2012:16).

Contudo, não é possível examinar fenômenos bélicos por eles mesmos, de forma totalmente abstrata, como se a sua natureza não estivesse pautada em sujeitos sociais (Moreira e Loureiro, 2012).

Assim, objetivando ultrapassar visões simplistas da caracterização social do corpo de oficiais, neste capítulo investigaremos o perfil e a inserção sociopolítica e econômica dos oficiais de alta patente pertencentes aos corpos de ordenanças presentes na comarca da Vila Rica nos anos de 1735-1777. Procuraremos compreender o recrutamento social dessas chefias militares, seu enquadramento social, as possibilidades de mobilidade entre os agentes e os mecanismos de promoção desse oficialato.

Como a pretensão deste capítulo é a reconstituição do perfil dos indivíduos que formavam os quadros das chefias militares na Minas colonial, cabe aqui fazer uma observação. Em Portugal, e também no ultramar, mais importante que os saberes particulares de guerra na composição de um chefe militar era sua "qualidade" (Hespanha, 2003b:20-24). Na sociedade ultramarina do Antigo Regime, os indivíduos possuíam uma cultura e uma experiência de vida baseadas na percepção de que o mundo, "a ordem natural das coisas", era hierarquizado; de que as pessoas, por suas "qualidades" naturais e sociais, ocupavam posições distintas e desiguais na sociedade. Na América portuguesa tal visão seria reforçada pela ideia de conquista, pelas lutas contra o gentio e pela escravidão. Tais elementos abriam possibilidades para o alargamento do cabedal político, econômico e simbólico dos coloniais e, consequentemente, para a aquisição ou o aumento da "qualidade" (social) (Fragoso, Bicalho e Gouvêa, 2001b:24).

Desse modo, no Antigo Regime, a direção social por "homens de qualidade" das mais importantes instâncias da sociedade, entre as quais se inclui a militar, era desejada e baseada numa autoridade difusa e sem especialização. Esse princípio da autoridade difusa, e não o da capacidade técnica, fez com que se considerasse imperativa a presença dos nobres à frente de instituições como as câmaras e ordenanças em Portugal (Monteiro, 1998c:106). Apesar da evolução na relação entre nobreza e guerra ocorrida na Europa nos séculos XVII e XVIII, na qual declinaram as forças militares diretamente organizadas por nobres, ou seja, os exércitos senhoriais em contraponto ao crescimento dos exércitos reais, em Portugal as nobrezas mantiveram uma importância primordial e indiscutível nos comandos dos exércitos reais (ibid., p. 101).

Como se verá, os indivíduos que formavam o corpo de oficiais de mais alta patente das ordenanças em Vila Rica possuíam também a "qualidade" de nobre, porém acerca dessa noção cabe uma ressalva. Como bem demonstrou Nuno Gonçalo Monteiro, no decorrer dos séculos XVI e XVII a sociedade portuguesa conheceu um alargamento da noção de nobreza. Para evitar o risco de uma possível total banalização e descaracterização do estado de nobre, criou-se um estado do meio ou estado privilegiado, que veio a ser conhecido como "nobreza civil ou política", no qual a aquisição da condição de nobre se fazia pela prestação de serviços ao monarca. Portanto, a "nobreza civil ou política" seria composta por homens que, embora de nascimento humilde, conquistaram um grau de enobrecimento graças a ações valorosas que obraram ou a cargos honrosos que ocuparam, diferenciando-se da nobreza derivada do sangue, herdada dos avós, conhecidos como os "grandes" (id., 1998b:298-299).

Era essa a qualidade de nobre que formava as chefias militares de ordenanças nas Minas setecentistas que, como se verá mais adiante, prestaram os mais variados tipos de serviços à Coroa, recebendo assim a promessa de cargos, honras e mercês do rei. Contudo, além da noção de nobreza civil ou política, estaremos invocando também, para compreensão da composição desses oficiais, a noção de nobreza em seu sentido primeiro, isto é, em seu caráter guerreiro, donde se depreende a concepção de conquistador, ou seja, indivíduos que à custa de sua vida, fazenda e negros armados realizaram valorosas ações em nome do rei e para o bem comum dos povos (Fragoso, 2003:11-35 apud Mathias, 2005:17).

Assim, a partir de agora teremos, não só mas principalmente, a concessão de mercês reais como importante indicativo das questões anteriormente expostas. Para os objetivos desta pesquisa, as mercês nos ajudarão a traçar um panorama substancial dos oficiais das ordenanças, pois se por um lado nas conquistas, e também no reino, produziam súditos mediante a geração de laços de lealdade, por outro lado davam condições para a geração e a reprodução de uma elite local com interesses próprios, conhecidos como os "melhores da terra" (Fragoso, 2001:50).

Na discussão acerca da concessão de mercês régias, adotaremos como referencial teórico os pressupostos de Fredrik Barth, que, em seus trabalhos, destaca a ação social como uma das chaves para o entendimento da sociedade, atentando para as estratégias e/ou recursos dos agentes que são acionados à medida que novas possibilidades de ação são desencadeadas pelo próprio processo histórico, modificando comportamentos e relações sociais (Almeida, 2003:164). Sendo assim, entendemos que em meio ao processo de solicitação de uma mercê, recursos e estratégias, valores e *status* (direitos e deveres dos agentes históricos) podem ser delineados, ou seja, tal análise sofistica o entendimento das relações sociais, do que leva os indivíduos a interagirem.

Nos pedidos de mercês, os argumentos utilizados para sua aquisição não devem ser vistos como mera reprodução de fórmula padronizada dos requerimentos encaminhados ao rei, em que se lhe pediam favores (Almeida, 2003:258). Deve-se atentar para o conteúdo da argumentação, entendendo os serviços prestados que vão sendo listados, as reclamações dos súditos, a petição de novas graças, como recursos e estratégias utilizados por eles na tentativa de maximizar ganhos e assim sobreviver e adaptar-se ao mundo colonial. A partir do resgate das estratégias individuais e de grupo, é possível compreender como toda uma gama de possibilidades de ação autônoma se configura a fim de produzir mudanças, entendendo-se assim o tecido social como algo construído a partir da interação contínua entre diversas pessoas e grupos que se lançam ativamente, a cada momento, em busca de objetivos diferentes e articulando diversas formas de ação (Lima Filho, 1999:258). As ações sociais devem ser entendidas como ferramentas para se conhecer a realidade e, desse modo, não devem ser vistas como dadas, nem analisadas presas às normas sociais, pois são constituídas a partir das interações entre diversas pessoas ou grupos, sendo dependentes do *status* e recursos do indivíduo.

Em Barth entende-se que, ao final da interação, ambas as partes saem ganhando, ou seja, ambas maximizam ganhos, pois se leva em conta que as expectativas dos atores que estão interagindo são diferentes, e que cada ator tem uma noção diferenciada do que é ganhar, fato que está relacionado com o *status* de cada um e com seu posicionamento social. As estratégias e recursos usados pelos variados segmentos da sociedade no sentido de maximizar ganhos devem ser entendidas a partir de suas visões de mundo, de uma cultura que é própria a cada um desses setores e do desempenho de certos papéis sociais. Ao estarem posicionados para o jogo, os atores têm diferentes intenções ao agir, o que não anula o fato de que ambos podem tirar proveito de determinada situação.[24]

---

[24] Quanto a esse tema, ver Barth (1981d:32-47).

Poder (local) e condição social: o perfil das chefias militares

A partir de agora faremos a reconstituição do perfil dos comandantes militares dos corpos de ordenanças presentes numa das mais importantes comarcas mineiras, tendo por base o tratamento sistemático de algumas variáveis, a saber, naturalidade, acesso a cargos políticos, inserção local via matrimônio, acesso a títulos, permanência e rotatividade nos postos militares, mecanismos de promoção, níveis de riqueza, formas de investimento e atividades econômicas desempenhadas. Trabalharemos com o total de 136 nomes de oficiais de alta patente listados para a comarca de Vila Rica, entre os quais enfocaremos algumas trajetórias mais emblemáticas que nos permitam exemplificar seu perfil e inserção local.[25] Para visualizarmos os traços básicos do perfil desse oficialato e o peso que tais traços tiveram na sua formação, organizaremos as informações quantitativamente. O primeiro dado a ser explorado será a origem dos oficiais:

Quadro 3

Naturalidade dos oficiais de ordenanças presentes na comarca de Vila Rica
(para os quais temos informações)

Local	Frequência	%
Portuguesa	65	87,84
Outras capitanias	9	12,16
Total	74	100

Fonte: Inventários *post-mortem* e testamentos da CSM e da CPOP. Pedidos de passagem para o reino do AHU/MG. Processos matrimoniais do AEAM.

---

[25] A referida listagem foi feita a partir de dados obtidos no Arquivo Histórico Ultramarino referentes ao recebimento de cartas patentes dos corpos de ordenanças no período abarcado pela pesquisa.

Dos 136 oficiais pesquisados, conseguimos obter informações acerca da origem para 74 nomes (54,41%). Entre estes, a esmagadora maioria, 65 (87,84%), era de portugueses e 9 (12,16%) eram procedentes de outras capitanias da América portuguesa, no caso Minas Gerais, Rio de Janeiro e São Paulo, confirmando as considerações feitas pela historiografia a respeito da origem dos integrantes do quadro das elites coloniais.[26] Assim como entre os imigrantes portugueses que chegavam a Minas Gerais como um todo, entre os oficiais analisados a grande maioria era proveniente do norte de Portugal, sobretudo das regiões do Minho e Douro, como ilustrado no quadro 4.

Quadro 4
Região de origem dos oficiais de ordenanças provenientes de Portugal
(para os quais temos informações)

Local	Frequência	%
Norte		
Minho	23	47,92
Douro	14	29,17
Centro		
Lisboa	10	20,83
Algarve	1	2,08
Total	48	100

Fonte: Inventários *post-mortem* e testamentos da CSM e da CPOP. Pedidos de passagem para o reino do AHU/MG. Processos matrimoniais do AEAM.

O motivo dessa migração intensa dos portugueses do Norte para essa capitania foi muito bem atestado por Donald Ramos:

---

[26] Entre outros, Almeida (2001); Furtado (1999); Maxwell (1985).

Havendo já no norte o costume entre a população masculina, adulta e solteira de imigrar para outras regiões em busca de melhores condições de vida podendo, assim, ajudar suas famílias, grandes levas de portugueses, aproveitando as oportunidades oferecidas pelo ouro mineiro — atrativo considerável —, para ali se dirigiam no século XVIII [Ramos, 1993:639-662 apud Furtado, 1999:152].

Do mesmo modo, Manolo Florentino e Cacilda Machado ressaltam elementos que se constituíram em pressões constantes que garantiram o fluxo migratório dessa região do Norte para a América portuguesa, a saber, altas taxas de fecundidade que resultavam em substancial aumento demográfico, predomínio de pequenas propriedades, heranças com partilhas restritas e redes de relações sociais fortemente estruturadas (Florentino e Machado, 2002:105).

Muitos desses portugueses iam para as Minas em busca de riqueza e ascensão social, tencionando melhores condições de vida. Analisaremos, pois, alguns percursos de oficiais de ordenanças provenientes de Portugal que nos permitam avaliar os mecanismos de inserção desses imigrantes no além-mar, de forma a visualizar suas possibilidades de ação para conseguirem alcançar a tão almejada ascensão social. Vejamos o caso de João Rodrigues dos Santos, que era natural de Lisboa e veio para as Minas entre 1720-1724, provido no cargo de inquiridor, distribuidor e contador da câmara da vila de São João del Rei, permanecendo em Minas até sua morte, em 1773.[27] O cargo lhe permitia ter conhecimento e controle sobre as pessoas que arremataram contratos na capitania, atuar em julgamentos e distribuir recursos (ordenados) entre alguns funcionários régios (como os tabeliães e os juízes) (Salgado, 1985:140-

---

[27] AHU/MG/cx.: 7, doc.: 5.

141). Com tais atribuições provenientes do cargo que iria ocupar, ganhava instantaneamente vantagens para o estabelecimento de relações sociais, para a aquisição de cabedais econômicos e de *status*, ou seja, já vinha para as Minas instrumentalizado com recursos que lhe permitiriam ter maior margem de manobra na obtenção de ascensão social.

Desde que chegou à capitania conseguiu contabilizar outras mercês que lhe conferiram ainda mais prestígio, como a patente de capitão de ordenanças, um hábito da Ordem de Cristo e sesmarias. Estas nos mostram que se, por um lado, João Rodrigues dos Santos permaneceu nas Minas até sua morte em 1773, por outro, não se estabeleceu por completo em São João del Rei, pois migrou para Mariana, o que é constatado por quatro pedidos de sesmarias que fez entre 1740 e 1753, sendo as duas últimas localizadas na freguesia de Guarapiranga.[28] De fato foi em Guarapiranga que ele faleceu e que encontramos registrado o inventário de seus bens, em que deixou um patrimônio de 11:965$265 para ser dividido entre sua mulher, Maria Ferreira da Anunciação, e seus sete filhos. Entre seus bens arrolados encontramos considerável patrimônio composto pela fazenda em que vivia com sua família, "situada na passagem chamada o Bicudo, com casa de vivenda, paiol, engenho, moinho e senzalas, tudo coberto de telhas"; por outra fazenda na passagem do Itacurusú "com casas de vivenda, paiol, moinho e monjolo, tudo coberto de telhas"; e por uma "morada de casas sitas no arraial do Piranga ao pé da Igreja matriz de sobrado coberta de telha". Possuía também louças da Índia e Macau, objetos de prata e um plantel de 66 escravos.[29] Seu

---

[28] Arquivo Público Mineiro, códice Seção Colonial. 72, p. 151 (1740); códice SC. 94, p. 174 (1752); códice SC. 106, p. 11 (1753); códice SC. 125, p. 7 (1753). Catálogo de sesmarias. *Revista do Arquivo Público Mineiro*, v. 1 (1988 apud Almeida, 2001:85).
[29] CSM, 1º Ofício — Inventário *post-mortem* de João Rodrigues dos Santos. Códice 80, auto 1695 (1773).

poder econômico provinha da mineração, atividade que lhe possibilitou a classificação como um dos homens mais ricos da capitania de Minas Gerais em uma listagem feita em 1756 pelo provedor da fazenda, Domingos Pinheiro, com o nome dos mais ricos moradores da capitania que poderiam contribuir para a reconstrução de Lisboa destruída pelo terremoto de 1755.[30]

Nota-se que, ao longo de sua vida, João Rodrigues dos Santos foi direcionando suas ações a fim de integrar-se a variados polos e/ou mecanismos propiciadores de poder e que eram coletivamente reconhecidos como elementos consolidadores de posições privilegiadas na sociedade mineira, quais sejam: a presença na câmara, a posse de terras e escravos, a posse de uma patente militar e de títulos, o casamento e a riqueza. Todos esses elementos convergem para aquilo que entendemos ser o valor norteador das ações dos oficiais quando instalados no além-mar, isto é, a busca pela aquisição e consolidação de posições de prestígio e comando, tema que será abordado mais adiante. Como bem destacou Giovanni Levi, a aquisição de poder em sociedades de Antigo Regime pode ser compreendida como recompensa daqueles que sabiam explorar os recursos de uma situação, tirar partido das ambiguidades e das tensões que caracterizavam o jogo social (Levi, 2000:31-33).

Como em uma sociedade de Antigo Regime a hierarquia não era forjada apenas por aspectos econômicos, mas sobretudo políticos e sociais, os indivíduos se percebiam e eram percebidos por suas "qualidades". Por isso, era primordial que os homens que vinham do reino ou de outras localidades se movimentassem nas teias sociais de seu cotidiano para que pudessem ocupar posições distintas em relação aos demais segmentos da população, e assim maximizar suas

---

[30] A localização da referida lista é a seguinte: AHU/MG/ cx. 70, doc. 40 (apud Almeida, 2001:230).

prerrogativas de mando e prestígio social, o que o exemplo de João Rodrigues dos Santos demonstrou muito bem.

A ocupação de cargos

Como visto, uma das formas de movimentação (social) desses oficiais e de aquisição de "qualidade" era a ocupação de cargos administrativos. Não por acaso os dados compilados mostraram uma considerável presença desses indivíduos em cargos burocráticos.

Quadro 5

Cargos políticos ocupados pelos oficiais de ordenanças da comarca de Vila Rica
(para os quais temos informações)

Cargo	Frequência	%
Câmara	13	26,53
Fazenda	10	20,41
Justiça	6	12,25
Câmara e Fazenda	6	12,25
Câmara e Justiça	7	14,28
Fazenda e Justiça	2	4,08
Todas as instâncias	4	8,16
Secretaria de Governo de MG	1	2,04
Total	49	100

Fonte: Arquivo Histórico Ultramarino/Projeto Resgate — Documentação avulsa de Minas Gerais/CD-ROM.

Com relação aos oficiais sobre os quais conseguimos obter informações acerca da ocupação de ofícios administrativos, todos desempenharam algum tipo de cargo em uma ou em mais de uma das três principais instâncias de poder, a saber, a fazenda, a justiça e a câmara. A ocupação de cargos na câmara sobressaiu na amostragem, somando 13 casos (26,53%), isso sem contar com aqueles oficiais que ocuparam cargos na câmara e na fazenda, e na câmara e na justiça simultaneamente. A câmara na sociedade colonial sempre foi um *locus* tradicional de poder, pois era o órgão especializado em cuidar do "bem comum" da *República*, ou seja, dirigir a organização social e política das regiões (Fragoso, 2002:44). Os cidadãos eram os responsáveis pela "coisa pública", o que garantia aos camaristas acesso a honras, isenções, foros e franquias. Além disso, tal instituição deve ser também destacada como órgão fundamental de representação dos interesses e das demandas dos colonos (Bicalho, 1998:252).

O acesso a cargos na administração, em qualquer uma das instâncias citadas, conferia dignidade a seus ocupantes e definia seu lugar social perante os habitantes locais. Na caracterização das elites coloniais, a nobilitação e o exercício de um cargo ou função pública aparecem como elementos fundamentais, principalmente para aquisição e exercício da autoridade, assunto ao qual voltaremos mais adiante.

Ademais, tais cargos, além do poder em nome *d'El Rey*, proporcionavam outras benesses, como vencimentos e emolumentos. Relevante destacar que o mais importante na ocupação desses cargos, em termos econômicos, não era tanto o salário pago pela fazenda real, mas principalmente os emolumentos que deles se podiam conseguir (Fragoso, 2001:49).

Assim, o acesso a determinados cargos camarários e mercês garantia a alguns indivíduos vantagens sobre os demais. A essas vantagens somava-se a possibilidade de aventar emolumentos e pagamentos de propinas, o que fazia desses cargos e dessas mercês objeto de grande disputa política. Não obstante, se por um lado, para receberem benesses, os mais destacados vassalos tinham de prestar serviços ao rei, por outro essas benesses lhes garantiam a satisfação de seus próprios interesses, visto que eles se valiam de seus cargos para obter vantagens e privilégios.

No entanto, segundo Fernanda Fioravante, é preciso ter em conta que as quantias recebidas pelos indivíduos em forma de propina, emolumento, salário ou pagamento por serviços não eram suficientes para seu enriquecimento. Analisando as receitas e as despesas da câmara de São João del Rei entre os anos de 1719 e 1750, a autora constatou que as maiores propinas de festa registradas para a vila de São João del Rei foram dadas em 1731 aos juízes ordinários José Dias da Silva e José da Costa Morais, no valor de 171$600. O maior salário recebido por algum oficial da câmara datou de 1721 e foi da ordem de 262$800, pagos ao porteiro, o qual também foi nomeado procurador da câmara para atuar em outras partes das Minas. Segundo a autora tais quantias não eram desprezíveis: a média do preço de um cavalo, conforme os inventários *post-mortem* de 1713 a 1750, por exemplo, era de 31$380. Afora o uso cotidiano do animal no transporte, não se pode esquecer sua importância no emprego de diligências militares, permitindo, inclusive, integração das milícias montadas. Já criações como o boi e o porco custavam, em média, no mesmo período, 64$850 e 34$323, respectivamente.

Por outro lado, as quantias recebidas em propina e salário não permitiam a compra de um único escravo (o valor médio do cativo ente 1711 e 1756, conforme os dados do livro de notas, portanto, em seu valor de mercado, era de 305$366), cuja importância não está atrelada apenas a seu emprego produtivo. Assim, embora não se possa atrelar a importância das propinas de festa e de pagamentos de salários ou serviços prestados à câmara ao processo de enriquecimento dos indivíduos que nela atuavam, o recebimento dessas quantias podia facultar o acesso a alguns tipos de bens e, em razão disso, não deve ter sua importância monetária descartada (Fioravante, 2009:655-656).

O capitão-mor Rafael da Silva e Souza, por exemplo, que atuou como juiz de órfãos na Vila do Carmo por mais de cinco anos, "pagou os novos direitos e a terça parte à real fazenda pelo cargo",[31] e por conta de cada serviço que prestava como tal arrecadava boas quantias. Só para termos uma ideia de quanto a ocupação de cargos como esse podia render em termos econômicos para seus ocupantes, ressalte-se que Rafael da Silva e Souza levava

> 16 oitavas de ouro por cada inventário e partilha que fazia e levava também de assinatura em qualquer sentença 1.500 réis a imitação do ouvidor desta comarca e dos mandatos que passava a quarta parte de uma oitava e de mandar rematar a obra do cofre para estar o dinheiro dos órfãos levou uma libra de ouro [Fioravante, 2009:655-656].

Além disso, o cargo de juiz de órfãos integrava um dos postos estratégicos da administração colonial, uma vez que permitia a seus ocupantes ter acesso à "poupança colonial". Ao titular desse juizado cabia a guarda dos bens dos órfãos e, em especial, da arca dos órfãos, o cofre onde era guardado todo o dinheiro, as dívidas e os rendimentos das fazendas herdadas dos pais falecidos (Fragoso, 2000:61).

Rafael da Silva e Souza foi também juiz ordinário na Vila do Carmo de 1715 a 1724. Nas terras onde não existia juiz de fora, a aplicação da justiça estava a cargo dos juízes ordinários, eleitos localmente, sem formação letrada e, pelo menos teoricamente, tutelados pelos corregedores das comarcas (Subtil, 1998:163). Além de ter em suas mãos um poderoso instrumento de coerção — a aplicação da justiça — e distinção social, o exercício de tal cargo lhe rendia também

---

[31] Ver AHU/MG/cx.: 22, doc.: 23 e doc.: 26.

emolumentos. É o que constatamos a partir de um requerimento que esse oficial enviou, em 1724, para o Conselho Ultramarino, pedindo o pagamento de seus emolumentos referentes ao cargo de juiz ordinário que ocupava:

> Diz que pelas obrigações de seu ofício devia levar o seguinte: por rematações de até 50 oitavas levará ½ oitava, de rematações de até 100 oitavas levará 1 oitava e daí para cima levará 2 oitavas. Pelos dias de caminho levará 4 oitavas, por inquirição levará ¼, pela abertura de inventários levará 8 oitavas, por tomar qualquer conta de tutores levará 30 oitavas.[32]

Há de se sublinhar outro aspecto relacionado à ocupação de cargos administrativos na colônia. A proximidade com o poder proporcionava acesso a informações privilegiadas, o que poderia ser um recurso a mais para esses indivíduos no sentido de lhes dar maior margem de manobra na ordem colonial. Segundo Maria de Fátima Gouvêa, o exercício de ofícios administrativos pode ser considerado uma estratégia que vincula saber e poder, visto que a ocupação sequencial de diferentes cargos por um mesmo indivíduo incidia no acúmulo de informações e experiências em um mesmo sujeito através de sua circulação por diferentes instâncias administrativas e espaciais do império português (Gouvêa, Frazão e Santos, 2004:101). A despeito de ter dito isso para os oficiais régios que ocupavam os altos postos da administração ultramarina, seu argumento é também válido para aqueles indivíduos que circulavam entre os cargos políticos da colônia, como os oficiais por nós aqui analisados.

---

[32] AHU/MG/cx.: 22, doc.: 23.

continua

Ressalte-se ainda que, somados, tivemos 19 (38,77%) casos em que o oficial ocupou cargos em mais de uma das instâncias de poder citadas. A ocupação de variados ofícios administrativos por parte desses homens podia fomentar a comunicação política entre essas instituições pela via da presença física dos dirigentes (Subtil, 1998:172). Em contrapartida, a presença dos mesmos indivíduos em variados cargos de poder acabava por consolidar o surgimento de poderosos grupos de dirigentes locais. A. J. R. Russell-Wood, em estudo acerca dos governos locais, ressalta que não era mera coincidência que as pessoas que atuavam como vereadores e juízes tivessem altos postos nas forças militares. Ou seja, a incumbência de um cargo abria caminho para outros, criando assim uma pequena oligarquia dirigente (Russel-Wood apud Silveira, 1999:153).

Algumas famílias foram capazes de deter para si parte do mando local, a partir da ocupação de postos concelhios, por exemplo, por várias gerações seguidas, envolvendo-se assim na organização social da sociedade colonial, o que consistia num instrumental poderoso para a atuação e ascensão desses oficiais no além-mar. A título de exemplificação, destaco João da Costa Azevedo, que era natural do reino e casado com Ana Maria de Jesus, com quem teve sete filhos. Pelo seu inventário constatamos que teve uma vida confortável nas Minas. Seu patrimônio consistia em várias moradas de casas, todas cobertas de telhas, na cidade de Mariana, um plantel de cinco escravos, alguns móveis, louças da Índia, rebanho, além de dívidas ativas, sendo seu monte-mor totalizado em 5:718$483.[33]

João da Costa Azevedo exerceu, durante muitos anos, o ofício de escrivão da câmara de Mariana, cargo que adquiriu após o casa-

---

[33] CSM, 1º Ofício — Inventário *post-mortem* de João da Costa Azevedo. Códice 92, auto 1927 (1792).

mento com Ana Maria de Jesus, já que tal ofício era "propriedade" da família de Pedro Duarte, seu sogro. O primeiro a ganhar o referido cargo foi o pai de Pedro Duarte, Antônio Pereira Machado, em 1725, um dos primeiros povoadores das Minas. Segundo consta em um relato do Arquivo Histórico Ultramarino, Antônio Pereira Machado

> largara ao Senado da Câmara uma sesmaria que ganhara do governador Antônio de Albuquerque Coelho de Carvalho para seu logradouro rocio, e por causa dessa dádiva e por ser o que ele fez de muita utilidade ao real serviço, foi por bem lhe fazer mercê da propriedade do ofício de escrivão da Câmara da Vila do Carmo.[34]

Ressalte-se que Antônio Pereira Machado não se preocupou com o fato de ceder a sesmaria que ganhou como mercê e que lhe tiraria a posse de um considerável pedaço de terra, pois sabia que o valor ganho seria maior do que o perdido; em outras palavras, traçou uma estratégia que lhe possibilitou maximizar ganhos, no caso um importante cargo num centro de poder local que daria a sua família possibilidade de integrar o quadro dos "homens bons" da região.

Em 1731, Antônio Pereira Machado passou o dito ofício para seu filho, Pedro Duarte Pereira, que possuía capacidade e limpeza de sangue para exercê-lo. Este, em 1750, passou o cargo para seu genro João da Costa Azevedo "por não ter filho varão e por ter o dito os requisitos para bem servir o dito ofício sendo tal prática um costume entre aqueles que não tinham filho varão".[35] Em 1802, um de seus filhos, Francisco da Costa Azevedo, pede a mercê da ocupação do

---

[34] AHU/MG/cx.: 162, doc.: 25.
[35] AHU/MG/cx.: 162, doc.: 25.

cargo de escrivão "cujo posto se acha servindo desde 1782 provando ser de seu merecimento por ter sempre desempenhado com honra e zelo o dito ofício".[36]

De acordo com a teoria feudal, associava-se ao exercício do cargo uma relação de fidelidade pessoal, além de uma vantagem patrimonial (benefício). O direito consuetudinário acabou por permitir que os ofícios ingressassem no patrimônio do titular, podendo ser vendidos (venalidade), arrendados (penhoralidade) ou deixados em herança (hereditariedade), embora a legislação portuguesa proibisse tais práticas (Subtil, 1998:167-168). Assim, seguindo um velho costume luso, os postos camaristas e os ofícios régios — se concedidos como "propriedades", como no caso analisado — podiam ser hereditários, o que muitas vezes contribuiu para a consolidação de algumas famílias em situações geradoras de poder, reiterando-se assim uma sociedade de Antigo Regime marcada pela desigualdade (Florentino e Fragoso, 2001:65-83). Ressalte-se aqui que João da Costa Azevedo lançou mão de uma estratégia eficaz para adquirir *status*, utilizando um importante elemento de coesão social: o matrimônio.

Como bem destacou Mafalda Soares da Cunha, a escolha do cônjuge constituía-se em um dos momentos com maiores implicações nas trajetórias individuais. Assim, partindo-se do pressuposto de que no período analisado as alianças matrimoniais não eram motivadas por laços afetivos, mas por estratégias sociais, políticas e econômicas (Cunha, 2000:470), pode-se sugerir que o casamento de João da Costa Azevedo foi resultado dessas estratégias, pois com seu matrimônio passou a ter a propriedade do ofício de escrivão, que lhe abria uma gama maior de possibilidades para obter recursos a fim de ascender socialmente. Eram atribuições do escrivão da câmara: auxiliar o ouvidor ou o juiz ordinário nas funções de justiça; fazer assen-

---

[36] Ibid.

to, no livro, dos habitantes do termo engajados nas ordenanças; fazer as execuções, penhoras e demais diligências necessárias à arrecadação da fazenda dos defuntos;[37] proceder à arrematação de bebidas da terra, contrato do donativo do tabaco e donativo do gado; registrar as patentes e provisões; passar licenças aos vendeiros; entre outros (Salgado, 1985:138-271). Pela ocupação desse cargo, João da Costa Azevedo e seus antecedentes e descendentes mobilizavam recursos públicos que lhes garantiam acesso ao sistema de arrematação de impostos, interferência nos negócios e mercados da região, além de proporcionar produção de prestígio e *status*, colocando sua família numa posição privilegiada da hierarquia social. Com esse exemplo pode-se inferir, conforme nos alerta Barth, que os comportamentos estão conectados com o viver cotidiano pelas interações, e é desse modo que surgem pistas sobre o significado dos atos, sobre as convenções sociais e o papel que se espera que os agentes desempenhem (Barth, 1981e, passim). Dito isso, podemos ressaltar outro importante mecanismo de inserção local e do perfil do oficialato analisado: o matrimônio.

O matrimônio

Segundo Luciano Figueiredo, na sociedade mineira o casamento era um indício de *status* e prestígio social e, além disso, possibilitava estabelecer alianças que se mostraram essenciais para a reprodução social dos agentes coloniais.[38] Não por acaso, ao se instalarem nas Minas, parte considerável dos oficiais analisados procuraram

---

[37] "Arrecadação da fazenda dos defuntos" significava que o sujeito que ocupasse o cargo em questão (escrivão da câmara) tinha por atribuição arrecadar (executar, penhorar para pagamento de dívidas) os bens (fazenda, como eram também chamados na época) de pessoas que haviam falecido (recentemente) em determinada localidade.

[38] Ver cap. 1 de Figueiredo (1997).

enraizar-se e constituir família. Analisando alguns processos matrimoniais, inventários *post-mortem* e testamentos, bem como pedidos de passagem para o reino presentes no Arquivo Histórico Ultramarino, constatamos que era alto o percentual de oficiais casados. Senão vejamos:

Quadro 6
Estado civil dos oficiais de ordenanças da comarca de Vila Rica
(para os quais temos informações)

Estado civil	Frequência	%
Casado	73	86,90
Solteiro	11	13,10
Total	84	100

Fonte: Inventários *post-mortem* e testamentos da CSM e da CPOP. Processos matrimoniais do AEAM.

Para os 84 oficiais (61,76%) em relação aos quais conseguimos obter informações acerca dessa variável, 73 (86,90%) eram casados e 11 (13,10 %) permaneceram solteiros. O grupo familiar constituiu-se inúmeras vezes em apoio importante para amenizar as dificuldades do viver cotidiano, sendo importante espaço de solidariedade e organização,[39] além de mecanismo de integração desses oficiais, em sua maioria reinóis, na sociedade mineira. Esse tópico será tratado mais detalhadamente em outra parte deste trabalho, mas apenas para visualizarmos sua importância para o alcance e consolidação das posições sociais desses oficiais, vamos citar um exemplo. O já mencionado capitão João Rodrigues dos Santos era homem de considerável poder econômico e político, como se constatou pela riqueza que possuía (um patrimônio que somava 11:965$265), pelos cargos que exerceu (inquiridor, distribuidor e contador em São João del Rei) e

[39] Ibid.

por seu título de cavaleiro professo da Ordem de Cristo. Além desses elementos, que por si só faziam João Rodrigues dos Santos ocupar um patamar de destaque na hierarquia social mineira, outro mecanismo o auxiliou na consolidação de sua posição, a saber, seu casamento com Maria Ferreira da Anunciação, que era filha do capitão de ordenanças Antônio Alves Ferreira. Seu casamento com ela o inseriu no seleto grupo das "principais famílias da terra", pois Antônio Alves Ferreira foi um dos primeiros povoadores das Minas.[40] Além disso, era também afortunado: dedicou-se à mineração tornando-se dono de algumas lavras, roças, uma fazenda e 37 escravos, sendo possuidor de um patrimônio que somava 17:623$0067, um montante nada desprezível, do qual se beneficiariam seus oito filhos após sua morte e, consequentemente, seus respectivos cônjuges. Portanto, com tal matrimônio, João Rodrigues dos Santos, além de sua inserção em uma importante família das Minas, adquiriu bens que lhe permitiram transformar-se em um próspero minerador.

Além disso, o matrimônio pode ser considerado um indício de enraizamento desses oficiais, imigrantes portugueses em sua maioria, no espaço colonial. Alguns estudiosos da imigração lusa para o Brasil destacam que o imigrado normalmente não rompia laços com a terra natal, e que o padrão migratório relacionava-se à busca de ascensão social e posterior retorno.[41] Se os oficiais analisados se encaixam nesse padrão migratório é difícil dizer, porém dados como esse do matrimônio podem apontar caminhos. Ao que parece, os oficiais optaram por se estabelecer nos trópicos e aí criar raízes. Ademais, não podemos desconsiderar que todos os serviços que esses indivíduos prestavam ao rei e que resultavam em mercês e, consequentemente, na ocupação de patamares sociais que dificilmente alcançariam no

---

[40] AHU/MG/cx.: 35, doc.: 77.
[41] A esse respeito, ver Klein (1989); Merrick (1981); Monteiro (2000 apud Florentino e Machado, 2002:108-109).

reino constituíram-se em poderoso atrativo para sua permanência no território colonial.

A posse de títulos

Outro dado a ser explorado na constituição do perfil e da inserção desse oficialato é a posse de títulos. Os títulos conferiam nobreza e distinção, proporcionando aos oficiais instrumental poderoso na definição dos lugares sociais. Na colônia, como bem ressaltou Maria Beatriz Nizza da Silva, aqueles que prestassem serviços à Coroa eram recompensados com variadas formas de nobilitação que lhes confeririam determinados privilégios (Silva, 2005:321). Numa sociedade hierarquizada como era a do Antigo Regime, fazia-se constantemente necessário defender seu lugar social nos mais ínfimos detalhes, e nesse aspecto os títulos assumiam importância ímpar.

Entre os títulos de maior incidência entre os oficiais analisados estavam o foro de cavaleiro e escudeiro da Casa Real, os hábitos das ordens militares, sobretudo a de Cristo, e a familiatura do Santo Ofício. Encontramos, em nossa amostragem, 21 oficiais que possuíam algum desses títulos, ou mais de um deles.

Quadro 7

Títulos possuídos por alguns dos oficiais de ordenanças da comarca de Vila Rica

Nome	Fidalgo	Familiar	Ordem de Cristo
Antônio Alves Ferreira	—	—	X
Antônio Ramos dos Reis	—	—	X
Caetano Alves Rodrigues	X	—	X
Cosme Damião Vieira da Silva	—	—	X

continua

A CARACTERIZAÇÃO SOCIAL DAS CHEFIAS MILITARES | 73

Nome	Fidalgo	Familiar	Ordem de Cristo
Domingos Pinheiro	—	—	X
Estevão Gonçalves Fraga	—	—	X
Feliciano José da Câmara	—	—	X
Francisco Pais de Oliveira	—	—	X
Francisco Rodrigues Vilarinho	—	X	—
João de Sousa Lisboa	—	X	X
João Favacho Roubão	—	X	—
João Lobo Leite Pereira	X	—	—
João Rodrigues dos Santos	—	—	X
José Álvares Maciel	—	—	X
José Caetano Rodrigues Horta	X	—	X
José da Silva Pontes	—	—	X
Luís José Ferreira da Gouveia	—	—	X
Manuel de Sousa Pereira	—	X	X
Nicolau da Silva Bragança	—	—	X
Nuno José Pinto Pereira	—	—	X
Vicente Freire de Sousa	—	—	X
Total	3	4	18

Fonte: AHU/Projeto Resgate — Documentação avulsa de Minas Gerais/CD-ROM. Carta de d. Antônio de Noronha remetendo a Martinho de Melo e Castro uma relação dos privilegiados existentes em Minas. AHU/MG/cx.: 111, doc.: 38.

A partir do reinado de d. Manuel I, passou-se a estabelecer moradia na Casa Real de acordo com a "qualidade" do beneficiado. Ser morador da Casa Real implicava receber uma "moradia" mensal e uma ração diária de cevada, além de poder subir de graduação. Cabe sublinhar que fidalguia e nobreza hereditária não podem ser usadas como sinônimos, pois a condição de fidalgo podia ser dada pelo rei, assim como a "nobreza civil ou política", mas a nobreza hereditária se assentava na linhagem, passando de pai para filho, constituindo-se em uma nobreza "natural". Ademais, podia-se herdar durante várias gerações a condição de nobre sem por isso ser fidalgo (Silva, 2005:16-17). Os exemplos mostram que o "filhamento" na Casa Real não era apenas o resultado de uma ascendência fidalga, e sim a recompensa de serviços militares na colônia. Esse foi o caso de José Caetano Rodrigues Horta, natural da freguesia de São Sebastião, feito escudeiro e cavaleiro fidalgo da Casa Real antes de 1757, honra recebida em atenção aos grandes serviços por ele prestados na defesa da capitania de Minas, tudo "à custa da despesa de sua fazenda".[42]

Ser familiar do Santo Ofício era também sinal de grande prestígio. A seleção dos familiares era feita entre pessoas que tivessem fazenda e vivessem abastadamente, pois lhes eram exigidas, no decorrer de suas diligências, viagens e deslocamentos. Eram eles que informavam o comissário local sobre os casos que pertencessem à jurisdição inquisitorial, bem como se encarregavam de todas as diligências determinadas pelo representante eclesiástico do Santo Ofício (Silva, 2005:159-160). Os critérios do Santo Ofício para aceitação dos candidatos a familiares eram a limpeza de sangue, saber ler e escrever, ser capaz de se encarregar de averiguações secretas e possuir bens de fortuna. Segundo Nizza da Silva, a familiatura era um passo importante na caminhada de ascensão social, havendo mesmo certo padrão nesse processo: postos de ordenanças, familiatura, cargo municipal e, ocasionalmente, Ordem de Cristo (Silva, 2005:161). Além disso, exigia-se certo "rigor" nas atitudes e comportamentos dos candidatos, o que não impedia que exceções fossem abertas. O capitão João Favacho Roubão, por exemplo, apesar de ter permanecido solteiro ao longo de sua vida, possuía um filho ilegítimo, fruto

---

[42] AHU/MG/cx.: 86, doc.: 17.

de um relacionamento com uma mulher "parda e solteira".[43] Tal fato poderia ter sido um obstáculo para a aquisição, por parte desse oficial, da familiatura, já que, para o Santo Ofício, os costumes adquiriam grande importância e não convinha a aceitação de familiares com filhos fora do matrimônio, sobretudo se fossem de cor. Porém, mesmo considerando essa exigência, tal "desvio" não atrapalhou João Favacho Roubão de alcançar o título em questão e aparecer listado em um documento de 1777, remetido a Martinho de Melo e Castro, com o nome dos privilegiados existentes na capitania.[44]

Nessa pequena parcela de oficiais detentora de títulos, a posse de hábitos da Ordem de Cristo sobressai, dado significativo se considerarmos que para receber tais graças era necessário passar por toda uma engrenagem com regras próprias. Se compararmos a concessão desse título com outros aqui também mencionados, como o filhamento na Casa Real, as diferenças ficam mais nítidas. Se o ser fidalgo da Casa Real dependia apenas da vontade do rei, para receber os hábitos das ordens militares, a Mesa de Consciência e Ordens, instituição que as administrava, colocava uma série de exigências baseadas em estatutos e provanças de isenção de defeito "mecânico" e limpeza de sangue, que até a segunda metade do século XVIII permaneceram muito rígidas (Silva, 2005:98-106).

Em Portugal as ordens militares surgiram no contexto da reconquista, havendo três ordens: a de Cristo, a de Santiago e a de Avis. A de Cristo foi criada pelo rei d. Dinis e teve importante papel nos descobrimentos ultramarinos do século XV. Ser membro de uma ordem militar era um sinal de prestígio que, em princípio, seria destinado somente à nobreza, sendo o ingresso feito a partir de vários critérios, a exemplo

---

[43] CSM, 1º Ofício — Testamento de João Favacho Roubão. Livro nº 47, folha 104 (1782).
[44] AHU/MG/cx.: 111, doc.: 38.

da mencionada "limpeza de sangue" (ou seja, ausência de ascendentes judeus, mouros, negros, mestiços) e isenção de defeito mecânico (ou seja, ausência de trabalhadores manuais entre os ascendentes). Porém, nas conquistas, outros critérios foram agregados aos originais, sobretudo a prestação de serviços à Coroa (Vainfas, 2000:437-438).

Assim, no ultramar, a concessão de hábitos militares foi um artifício utilizado correntemente pelo rei para premiar os súditos leais que prestassem serviços de grande utilidade para a *República*. Entre esses serviços de grande utilidade estavam a defesa das conquistas e, para o caso de Minas Gerais e também de Goiás, o pagamento dos quintos, pois desde a promulgação do alvará de 3 de dezembro de 1750[45] passou-se a recompensar com benefícios, mercê e honras quem recolhesse à casa de fundição, no espaço de um ano, oito arrobas de ouro ou mais. Dada a progressiva diminuição da recolha de ouro nas casas de fundição, o incentivo de mercês àqueles que recolhessem anualmente mais de oito arrobas foi efetivamente posto em prática, com o atendimento dos pedidos de hábito de Cristo que chegavam ao Conselho Ultramarino (Silva, 2005). Foi nesse contexto que Vicente Freire de Sousa, capitão da ordenança de pé de uma das companhias da cidade de Mariana, solicitou, em 1757, o hábito de Cristo. Citado como um dos homens mais ricos da capitania de Minas na já mencionada lista de 1756 feita pelo provedor da fazenda, vivia da ocupação de mineiro. Apesar de ser homem possuidor de cabedais, o que na sociedade mineira já lhe conferia certa posição de destaque, esse oficial procurou destacar-se também pelo prestígio. Sendo assim, enveredou pela tentativa de se tornar cavaleiro da Ordem de Cristo. Para obter esta última mercê argumentou que

---

[45] Esse alvará aboliu o sistema de capitação de escravos e determinou a cobrança dos quintos pelo sistema de casa de fundição, acrescentando uma arrecadação mínima de 100 arrobas anuais e instituindo a derrama (Silva, 2005:198).

meteu na casa de fundição da dita Vila Rica desde princípio de agosto de 1754 até maio de 1755 12 arrobas, 47 marcos, 6 onças e 1 oitava de ouro e que sendo V. Mag. servido remunerar os vassalos que fazem entrar na casa de fundição quantidade de ouro solicita o hábito da ordem de Cristo como prêmio por tal serviço.[46]

Contudo, cabe sublinhar que esse artifício da Coroa para remunerar serviços ligados à extração do ouro se chocava frequentemente com as exigências da Mesa de Consciência e Ordens que muitas vezes barravam a concessão dos hábitos para aqueles que não tivessem os critérios priorizados pelos estatutos (Silva, 2005:104).

O tempo de permanência e a rotatividade nos postos

Outro dado a ser explorado na constituição do perfil do oficialato diz respeito ao seu tempo de permanência nos postos militares.

Quadro 8

Tempo de permanência dos oficiais em postos
das companhias de ordenanças
(para os quais temos informações)

Permanência	Frequência	%
0 a 4 anos	9	9,78
4 a 10 anos	10	10,87
+ de 10 anos	73	79,35
Total	92	100

Fonte: Cartas patentes do AHU/Projeto Resgate — Documentação avulsa de Minas Gerais/CD-ROM.

---

[46] AHU/MG/cx.: 71, doc.: 18.

No quadro 8 constatamos que eram raros os casos em que um oficial ocupava seu posto por pouco tempo, havendo assim uma quase monopolização de postos militares pelos mesmos indivíduos. Para os 92 nomes (67,64%) em relação aos quais conseguimos obter informações a esse respeito, em apenas 9 casos (9,78%) o indivíduo permaneceu por menos de 4 anos no posto. Para o restante dos nomes, 10 (10,87%) permaneceram de quatro a 10 anos e 73 (79,35%) permaneceram por mais de 10 anos.

A historiografia relata que para chegar aos mais altos postos havia duas regras fundamentais, o que é válido tanto para o reino quanto para o ultramar: a primeira diz respeito ao percurso que se devia fazer nos variados postos, isto é, de um mais baixo para um de mais alto patamar; a segunda se refere ao tempo de permanência nesses postos, que deveria ser grande (Costa, 2003b:106). De fato, entre os oficiais aqui analisados que conseguiram atingir o posto de maior prestígio nas ordenanças, o de capitão-mor, e até postos de maior prestígio em outras forças militares, como o de coronel nas forças auxiliares, figurou, além da grande permanência, como constatamos pelo quadro 9, uma carreira militar em que ocuparam postos de um escalão mais baixo até atingir um mais alto.

Ademais, a longa permanência desses oficiais em postos militares pode ser considerada mais um indício de seu enraizamento nos trópicos, bem como de seu envolvimento com a própria história colonial. Em outras palavras, tal permanência pode ter auxiliado na formação daquilo que Luciano Figueiredo denominou "patrimônio memorialístico" — de enfrentamento, privações, perdas e empenho de suas vidas e cabedais —, ou seja, de inclusão no espaço colonial através de elementos que os colocavam como agentes ativos do projeto colonizador e sustentavam suas demandas ao monarca situando-os num plano diferenciado nas suas relações com Portugal

(Figueiredo, 1996:472 apud Bicalho, 2003:388-389), tema que será melhor trabalhado mais adiante.

Constatamos também a presença de certa rotatividade dos oficiais no exercício de vários postos militares. Muitos desses indivíduos continuariam a ser militares, só que através do exercício de diferentes postos ao longo de suas vidas, não só nas ordenanças como também nas tropas pagas e auxiliares, sendo tal rotatividade muitas vezes fruto de promoções.

Quadro 9

Porcentagem de oficiais de ordenanças que obtiveram promoção em sua carreira militar (para os quais temos informações)

Promoção	Frequência	%
Sim	61	66,30
Não	31	33,70
Total	92	100

Fonte: Cartas patentes do AHU/Projeto Resgate — Documentação avulsa de Minas Gerais/CD-ROM.

Para os oficiais em relação aos quais conseguimos coletar informações acerca desse dado, 31 (33,70%) não obtiveram promoções, isto é, permaneceram ligados a um único posto por toda a sua vida, e 61 (66,30%) dos nomes possuíram diferentes patentes, estabelecendo uma "carreira militar" bem-sucedida, ocupando diferentes postos em diferentes forças militares, e muitas vezes chegando ao topo da hierarquia nas ordenanças. Nesse sentido, vale a pena observar a carreira de Manuel Manso da Costa Reis, através da qual também podemos compreender, além dos mecanismos de promoção, o processo de seleção para postos militares. Em 1770, o tenente Manuel Manso da Costa Reis foi indicado, juntamente com o capitão Feliciano José da Câmara — capitão mais velho do terço de ordenanças de Vila

Rica — e com o tenente-coronel do terço de auxiliares de Vila Rica, Antônio de Sousa Mesquita, na lista tríplice da câmara de Ouro Preto para ocupar o posto de sargento-mor das ordenanças, vago por falecimento de Manuel Rodrigues Abrantes. Como de costume, o requerente apresentou sua folha militar de serviços, na qual listava os serviços prestados à Coroa que o capacitavam a ser indicado como um dos "principais da terra" e, portanto, ao posto.[47] Através do que foi relatado nesse documento, acompanhamos a carreira militar de Manuel Manso da Costa Reis e constatamos que ele passou pelas diferentes forças militares, isto é, foi oficial nas tropas pagas, auxiliares e de ordenanças, o que lhe possibilitou um significativo acúmulo de experiência e honrarias, que agora estavam sendo usadas na aquisição de outra patente de mais alto escalão na hierarquia. Segundo o relato:

> Manuel Manso da Costa Reis já havia servido nas tropas pagas desta capitania, fora também coronel do regimento de cavalaria auxiliar de nobreza de vila rica e tenente na mesma, postos ocupados por ser um dos primeiros povoadores da localidade e pessoa abastada de bens, além de ser uma das pessoas mais idôneas e capazes da capitania.[48]

Todas essas características o ajudaram a ganhar a disputa pelo posto de sargento-mor, garantindo assim sua ascensão a um dos mais altos postos da hierarquia militar nas ordenanças e, consequentemente, o aumento de seu *status*.

O exemplo acima pode ajudar também a entender quais os atributos que pesavam decisivamente nas promoções dos oficiais no ul-

---

[47] AHU/MG/cx.: 99, doc.: 24.
[48] AHU/MG/cx.: 99, doc.: 24.

tramar. Em Portugal os postos de maior prestígio, em qualquer uma das forças militares, eram ocupados, em sua maioria, pela primeira nobreza de corte, sendo seu alcance resultado não de uma promoção, mas da hereditariedade (Monteiro, 1998c:102-104). Em outros termos, em Portugal, o critério determinante para alcançar os mais altos postos militares era o nascimento ilustre. Já no ultramar o critério determinante para aqueles que quisessem alcançar o topo da hierarquia militar era a prestação de serviços à Coroa. Como o caso de Manuel Manso da Costa Reis exemplificou, as promoções no seio das ordenanças ocorriam mediante a prestação de variados serviços ao monarca, que em retribuição agraciava com mercês, tais como as patentes militares.

Assim, se a formação específica em academias militares era aspecto de pouca importância para a ascensão dos oficiais a postos de maior prestígio, tanto no reino quanto no ultramar (Monteiro, 2003), a experiência militar mediante atuações bélicas era muito valorizada e um poderoso recurso na obtenção de mercês e, portanto, de promoções. Convém lembrar que os serviços de guerra e defesa da terra incluíam-se entre os mais enobrecedores e importantes para a concessão de mercês régias e, por isso, se constituíam em um importante componente da incrementação da "qualidade" dos coloniais (Almeida, 2003:153). A trajetória de Caetano Álvares Rodrigues é, nesse caso, bem expressiva. Natural de Lisboa, atuou em diversas partes do império português como militar. Assentou praça de soldado no estado da Índia, onde assistiu por mais de cinco anos, atuando também como alferes de infantaria, tenente de mar e guerra e capitão. Seus serviços foram essenciais, no entender do governador d. Lourenço de Almeida, em momentos críticos para a Coroa, entre os quais destaca a invasão da fortaleza de Andorna, construída no rio de Goa, que por ordens reais devia ser destruída e onde

Caetano Alves Rodrigues foi um dos primeiros que saltaram em terra avançando com armas e mais gente a dita fortaleza conseguindo queimá-la e demoli-la, matando e aprisionando todos os que não puderam fugir [...] e da mesma sorte conduziu um exército para tomar e queimar as aldeias que tinha atrás da fortaleza de pilligão que depois de 8 dias de sítio se renderam [...] e no socorro que se deu ao rei para tomar as terras da fortaleza de Ponda [sic] foi Caetano Alves Rodrigues nomeado para rondar em balões o rio que circundava tal fortaleza para que se rendessem.[49]

Além de ter atuado em Goa, prestou serviços também no mar,

atacando voluntariamente o navio inglês Angria quando o rei saiu em missão para ir tomar a dita armada Angria [...] e o dito Caetano foi com 20 soldados armados a bordo do sito navio e fez com tanto valor que conseguiu trazer o navio a Goa.[50]

Após esses cinco anos atuando na Índia, embarcou para a América portuguesa:

E sendo chegado a pouco tempo nas Minas quando os franceses invadiram o Rio de Janeiro, foi dos primeiros que se ofereceu para acompanhar o governador António de Albuquerque e o fez com despesa de sua fazenda. Combateu também os revoltosos de Vila Rica e a mando do Conde de Assumar acompanhou o dito governador com seus escravos armados até Vila Rica para castigar os cabeças do levante, e lá ficou um mês.[51]

---

[49] AHU/MG/cx.: 86, doc.: 17.
[50] Ibid.
[51] AHU/MG/cx.: 86, doc.: 17.

Por todos esses serviços foi nomeado capitão de ordenanças e, em 1722, coronel de cavalaria de São Paulo e, posteriormente, de Vila Rica. Além disso, por sua participação valorosa em tão importantes acontecimentos, foi feito cavaleiro professo da Ordem de Cristo em 1731 e condecorado com o foro de escudeiro e cavaleiro fidalgo da Casa Real em 1749.[52]

Acrescente-se que as sondagens sobre o recrutamento social das chefias militares em Minas colonial não são tarefa fácil. Sua origem social não pode ser mapeada pelo nascimento, como no caso de Portugal, visto que, como veremos adiante, o lugar de oficial nas ordenanças no ultramar podia ser obtido por diferentes caminhos, o que resultava na formação de um corpo de oficiais bem heterogêneo.

Provenientes sobretudo do norte de Portugal, esses indivíduos vinham para as Minas em busca de melhores oportunidades que surgiam mediante a prestação de serviços à Coroa. Essa prestação de serviços configurou-se em uma oportunidade através da qual os oficiais aqui enfocados lograram ganhos materiais e/ou imateriais. Ou seja, através desses serviços, os homens, os melhores homens puderam reivindicar honras e mercês, e, dessa forma, tornar-se pessoas "principais da terra" aumentando seu cabedal político, econômico e simbólico (Mathias, 2005:14-15).

Todos os elementos mencionados até agora — acesso a cargos e o *status* daí advindo, matrimônio, experiência militar adquirida pela ocupação de postos por longos períodos, rotatividade, promoção etc. — propiciaram a esses oficiais recursos e meios de estabelecer estratégias que lhes garantissem acesso a posições privilegiadas. Ressalte-se, porém, que os indivíduos que compunham os quadros das chefias militares de ordenanças na região enfocada não se consti-

---

[52] Ibid.

tuíam em um grupo homogêneo e, consequentemente, perfeitamente configurado. Os próprios exemplos até agora citados e outros que serão trabalhados posteriormente revelam que esse grupo não se encaixa em um patamar específico, visto que oferece níveis diferenciados de estratificação. Desse modo, não se deve especificar o campo de atuação do oficial ou o fundamento de sua força (riqueza, poder político, categoria social) para caracterizá-lo socialmente, mas que motivações de diferentes naturezas — política, econômica, militar, religiosa etc. — se sobrepõem e atuam conjuntamente na definição do grupo, qualquer que seja a procedência dos agentes (Maravall, 1989:156-157).

Dentro do que foi relatado, penso ter ficado clara a estreita relação existente entre os oficiais, como indivíduos pertencentes a uma esfera de poder local, e o rei. Da reconstituição do perfil e inserção desses indivíduos, bem como de algumas trajetórias de vida, constatamos que as mercês régias tiveram papel fulcral na consolidação de posições sociais privilegiadas.

Como já sugerido, a concessão de mercês régias era a peça mestra da dinâmica política do período e atuava num duplo sentido: por um lado, era adotada como mecanismo de recompensa aos leais súditos, ligando-os à figura do monarca, numa relação de complementaridade; por outro lado, abria espaço para a formação de poderosos grupos locais dirigentes, que por meio das mercês alimentavam seu poder (Cardim, 1998:134-135). Dessa assertiva depreende-se uma característica marcante dessa sociedade do Antigo Regime lusa no ultramar, a saber, a concentração de poder nas mãos de certos integrantes das elites locais. Em outros termos, e como alguns autores já têm demonstrado, os poderosos locais foram-se mostrando cada vez mais importantes para a viabilização das recomendações régias e para a manutenção da ordem, sendo portanto essencial o estabelecimento de negociações com tais grupos para que o rei exercesse sua governabilidade nos domínios ultramarinos.⁵³

O perfil e as atitudes econômicas

Este tópico tratará de outro ponto da caracterização do grupo em questão, qual seja, as suas atitudes econômicas. A relevância desse tipo de investigação se confirma pela importância que a riqueza possuía para a sustentação da "qualidade" dos indivíduos na sociedade mineira setecentista, que, como visto, era determinante na definição dos lugares sociais.

O tema da hierarquia socioeconômica na América portuguesa tem sido tratado pela historiografia com base na noção de Antigo Regime nos trópicos, ou seja, em critérios que levam em conta as relações sociais em seus vários ângulos, ficando as variadas instâncias — culturais, econômicas, políticas — intimamente interligadas (Fragoso, 2002:43-44). Nessa perspectiva, entendemos que os indivíduos se percebiam e eram percebidos por suas "qualidades", e nesse ambiente o cabedal (riqueza material) era visto como meio para sustentar tal "qualidade".

Nos trópicos, como bem destacou João Fragoso, a elite que dirigia a sociedade colonial consistia em uma "nobreza" diferente da europeia. Não descendiam das melhores casas aristocráticas portuguesas, não viviam de rendas dadas por um campesinato ou pelo rei, nem tampouco seus afazeres se resumiam unicamente à guerra ou à administração da "coisa pública", como no Velho Mundo. Muitos membros dessa elite envolviam-se em atividades

---

⁵³ A esse respeito ver Bicalho (2003); Figueiredo (2001:197-254); Fragoso, Bicalho e Gouvêa (2000).

mercantis, não sendo isso um elemento que diminuísse sua "qualidade"; pelo contrário, servia para mantê-la. Em se tratando de uma sociedade de Antigo Regime, o poder político e de mando, o prestígio e o *status* vinham em primeiro lugar em termos de definição dos papéis sociais. Entretanto, não se desconsidera que o enriquecimento influía nos contornos da hierarquia social (Fragoso, 2002:45-46).

Neste tópico procuraremos definir o perfil e a inserção econômica de alguns dos oficiais de mais alta patente das companhias de ordenanças da comarca de Vila Rica para os quais foi possível encontrar inventários *post-mortem* e testamentos.[54] O objetivo foi identificar as atividades produtivas nas quais estavam envolvidos, seu padrão de vida e como a riqueza se distribuía entre os diversos ativos que compunham suas fortunas (bens imóveis, escravos, dívidas etc.). Além disso, procuraremos visualizar o *locus* dessa parcela dos oficiais analisados na hierarquia socioeconômica da região abordada, agrupando os inventários em faixas de fortunas, para assim entendermos as diferenças nos níveis de riqueza no seio do grupo em análise.

Ressalte-se que também no gerenciamento das práticas econômicas do grupo aqui enfocado estaremos destacando os recursos e estratégias utilizados por eles na tentativa de maximizar ganhos e, assim, sobreviver e adaptar-se ao mundo colonial.

Para visualizarmos a inserção econômica dos oficiais de ordenanças na comarca de Vila Rica, o primeiro passo será a apreensão do perfil mais amplo da economia mineira, para o que recorreremos ao perfil da composição da riqueza dos inventariados da comarca de Vila Rica.

---

[54] Trabalhamos com o total de 34 inventários *post-mortem* e 34 testamentos.

Quadro 10

Composição da riqueza, em mil-réis, nos inventários
da comarca de Vila Rica por períodos — 1750-1822

Setor/atividade	CVR	
	1750-1779 (em %)	1780-1822 (em %)
Escravos	37,42	27,38
Instrumentos de trabalho	1,25	1,34
Rebanho/colheitas	1,93	3,74
Comércio	0,03	7,45
Dívidas ativas	24,68	24,18
Imóveis (rurais e urbanos)	28,64	25,92
Joias e metais preciosos	3,55	2,82
Moeda	0,07	4,37
Outros*	2,38	2,80
Monte bruto	141:994$108	607:005$361

Fonte: Almeida (2001:172).
* Nessa variável incluem-se objetos como roupas, móveis, utensílios domésticos e objetos de uso pessoal e de decoração.

Como mostra o quadro 10, e conforme destacou Carla Almeida, a estrutura econômica dessa região era caracterizada pela pequena circulação monetária (o que pode ser constatado pela ínfima presença da variável moeda no patrimônio dos mineiros), fortes mecanismos de acumulação mercantil (visualizados principalmente pelo alto percentual de dívidas ativas entre os inventariados) e prática produtiva extensiva (evidenciada pela pequena participação dos instrumentos de trabalho na composição das fortunas dos mineiros, aliada à grande importância dos bens imóveis e escravos, indicando uma economia muito mais dependente de constantes incorporações de terra e mão de obra para seu funcionamento do que do aprimoramento técnico) (Almeida, 2001:71-81). Comparando com nossa amostragem, verificamos que o perfil de acumulação e de investimentos da parcela de oficiais de ordenanças que estamos analisando em alguns aspectos se assemelha, mas em outros se diferencia do perfil estrutural da economia mineira. Senão vejamos os dados do quadro 10.1.

Quadro 10.1

Composição da riqueza, em mil-réis, nos inventários dos oficiais de ordenanças da comarca de Vila Rica por períodos — 1750-1822[55]

CVR		
Setor/atividade	1750-1779 (em %)	1780-1822 (em %)
Escravos	32,24	22,97
Bens rurais	16,08	43,54
Dívidas ativas	37,25	19,82
Prédios urbanos	4,83	7,33
Joias e metais preciosos	1,54	0,71
Moeda	2,14	—
Outros*	5,92	5,62
Monte bruto	112:717$744	95:979$369

Fonte: Inventários *post-mortem* da CSM e da CPOP.
* Nessa variável incluem-se objetos como roupas, móveis, utensílios domésticos e objetos de uso pessoal e de decoração.
Obs.: Foram levantados 13 inventários para o primeiro período e 15 para o segundo. Foram eliminados deste quadro seis inventários para os quais só foi possível considerar o monte-mor.

---

[55] Tal delimitação temporal foi escolhida com base no trabalho de Carla Almeida, aqui utilizado como parâmetro comparativo. Segundo a referida autora, tal periodização inclui duas distintas fases da economia mineira: a primeira fase (1750-1779) pode ser caracterizada como um período de auge minerador e a segunda fase (1780-1822) é entendida como o momento em que a economia mineira deixou de ter a mineração como atividade principal e a agropecuária passou a ser o eixo central da economia. Ver Almeida (2001:6-7).

No patrimônio dos oficiais, assim como no dos mineiros em geral, era baixo o percentual de moedas, joias e metais preciosos, o que, como visto, aponta para uma economia com frágil circulação monetária e baixa liquidez. Tais características não eram exclusivas da capitania de Minas Gerais, estando também presentes em outras áreas da América portuguesa, como o Rio de Janeiro.[56]

Constatamos que as direções preferenciais dos investimentos dessa pequena parcela de oficiais eram os escravos, os imóveis e as dívidas ativas, ocorrendo, entretanto, variação significativa no peso de cada uma dessas variáveis na composição das fortunas ao longo dos dois períodos enfocados, ao contrário do que viu Carla Almeida.

Comparando os oficiais com os mineiros inventariados, no geral percebemos que eles também investiam significativamente em escravos. Era um investimento possível e acessível às suas fortunas, além de reiterar a diferenciação socioeconômica entre uma elite e outros homens livres. Percebemos que entre as maiores fortunas predominavam plantéis expressivos. Entre a parcela de oficiais aqui enfocados 27,78% possuíam mais de 30 escravos, 38,89% possuíam de 10 a 30 escravos. O número de oficiais com plantéis menores que 10 escravos chegava a 30,55%. Ressalte-se que no conjunto apenas um (2,78%) dos oficiais inventariados não possuía nenhum escravo, denotando que muitos desses homens revertiam parte de seus investimentos na compra de cativos, principalmente aqueles com fortunas acima de 2.000 libras. Os dados também mostram o quanto era alta a concentração de escravos em poucas mãos, fato já amplamente relatado pela historiografia sobre Minas.[57]

Contudo, nota-se que no decorrer do primeiro para o segundo período há uma oscilação dessa variável entre os bens arrolados, o

---

[56] Nesse sentido ver Florentino (1997); Florentino e Fragoso (2001).
[57] A exemplo, ver Costa e Luna (1982: 40).

que talvez indique que aos oficiais inventariados apresentaram-se outras opções de investimentos, nas quais muitos podiam deslocar seus recursos para outros tipos de negócios. De fato, pelo quadro 11.1, percebemos um acentuado aumento dos bens rurais (variável em que incluímos terra, lavras, animais, colheita, instrumentos de trabalho e imóveis localizados em áreas rurais) entre os valores arrolados. E como em Minas o setor rural era também responsável por boa parte da geração de riqueza (Almeida, 2001:182), tudo indica que esses homens não se abstiveram de investir nesse setor.

Concernente a isso, e ao contrário do que viu Carla Almeida, percebemos, pelos dados do quadro, que houve uma brusca queda de investimentos em setores mercantis por parte desses oficiais, o que pode ser visualizado pela grande variação no percentual de dívidas ativas ao longo dos dois períodos. Assim, se no primeiro período as atividades creditícias tinham papel de destaque no patrimônio desses oficiais, no segundo período o capital mercantil e suas formas específicas de acumulação vão perdendo espaço para o setor rural, que ganha significativo destaque.

Deve-se considerar que, além dos rendimentos que os oficiais poderiam tirar do setor rural, cuja incrementação relaciona-se com o rearranjo interno econômico da capitania de Minas verificado a partir da segunda metade dos setecentos, no qual os produtos agropecuários passaram a desempenhar papel preponderante na economia, anteriormente ocupado pelo ouro (Almeida, 2001),[58] outro fator poderia explicar o direcionamento dos investimentos para o setor rural. No contexto de uma sociedade agrária de base escravista, a posse de grandes extensões de terras, fazendas, lavras e de numeroso plantel de escravos era a forma de se demonstrar poder e diferenciação social, visualizada na honra e nas formas de tratamento devidas

---

[58] Ver principalmente cap. 2-3.

às pessoas de "qualidade" (Rodrigues, 2003:252). Deve-se considerar, pois, que a tentativa de consolidar posições de mando também guiava as práticas econômicas naquela sociedade.

Outra variável que obteve destaque entre os bens arrolados refere-se a prédios urbanos, apesar de terem um valor menor frente às propriedades rurais. Acreditamos que a posse de propriedades urbanas se dava pelo fato de esses oficiais, sobretudo os detentores das patentes superiores, residirem preferencialmente nas vilas, dividindo seu tempo entre a casa que ali possuíam e suas fazendas e sítios nas áreas rurais. A posse de uma casa nos espaços urbanos se explica pela necessidade de alguns desses homens estarem mais próximos dos centros de poder, como a câmara (Almeida, 2001:253), aos quais, como visto, alguns se associavam pela ocupação de cargos. No que respeita à distribuição espacial dessas casas de morada dos oficiais, em especial as que pertenciam às famílias mais importantes, a maioria localizava-se nos lugares principais da Vila do Carmo e de Vila Rica, e seus termos, sobretudo nas ruas direitas de cada uma das localidades e nas ruas onde se localizavam suas igrejas matrizes, ou próximo a elas (Almeida, 2001).

Alguns bens móveis que entraram na contabilização, como joias, roupas, móveis de jacarandá, apetrechos de uso doméstico e decoração (entrando nessa classificação talheres de prata, louças da Índia e do Porto, pinturas etc.) revelam que esses oficiais valorizavam e investiam em objetos que lhes garantissem o seu "bom tratamento", a exemplo de outros mineiros inventariados e analisados por C. Almeida. Conforme destacou a referida autora, as próprias "condições" dos dois termos que compunham a comarca de Vila Rica contribuíam para isso: Ouro Preto era capital das Minas Gerais e abrigava as autoridades mais importantes da capitania; Mariana, por ser sede do Bispado, concentrava um grande contingente de letrados, ocupados tanto em atividades eclesiásticas quanto em cargos administrativos. Os ocupantes de tais cargos tendiam a ser pessoas mais habituadas ao "bom tratamento" (Almeida, 2001:188). Nesse sentido, tendo a concordar com Laura de Mello e Souza quando afirma que, para os homens afortunados das Minas Gerais, o luxo cumpria uma função social específica: a de sinal distintivo do *status* social, como instrumento de dominação necessário à consolidação e manutenção do mando (Mello e Souza apud Almeida, 2001:188).

Os oficiais se utilizaram de todos os mecanismos possíveis para se manter como autoridades, e se o luxo e a ostentação eram socialmente reconhecidos pelos "povos" como um recurso legitimador do poder do oficialato, este soube muito bem utilizá-lo. As roupas, joias e móveis serviam para ostentar sua condição social, para distingui-los dos homens comuns e da massa escrava. A sociedade mineira, mesmo com a possibilidade de enriquecimento trazida pelo ouro, era uma sociedade assentada na nobiliarquia, no reconhecimento social, no prestígio exteriorizado, pois assim se demonstrava o papel de cada indivíduo na hierarquia.

Havia uma preocupação com o tipo de roupa, tecidos e adereços que cada grupo podia portar e, de tempos em tempos, o rei editava novas regulamentações a esse respeito. Em 1749, por exemplo, o rei permitiu que os postos superiores a oficiais de alferes pudessem "trazer galão de ouro, ou prata no chapéu e botões lisos dourados, ou prateados nos vestidos e que, nos arreios de seus cavalos, possam usar de metal dourado, ou prateado com muita moderação" (Furtado, 1999:31). Anos mais tarde, em 1754, permitiu que os oficiais de terços auxiliares e de ordenanças pudessem "usar galões de ouro, ou prata, nos seus chapéus" (Furtado, 1999).

De fato, em praticamente todos os inventários aqui analisados, foram encontradas vestimentas como as descritas acima, denotando assim que o luxo, a pompa e um padrão de vida suntuoso eram elementos essenciais na consolidação de uma boa reputação. Apesar das leis de suntuosidade datadas de 1742 e 1749 — as quais proibiam os colonos de usar, em suas vestimentas, seda, veludo, ouro e prata, limitavam a ostentação causada pelo uso de ouro e prata nas mobílias e carruagens e restringiam o número daqueles que poderiam carregar espadas e armas de fogo ou outros símbolos de elevado *status* —, a elite colonial investia avidamente em tais signos e elementos (Russel-Wood, 1998:198). A exteriorização da ostentação, do luxo e da riqueza por meio das vestimentas, insígnias e outros objetos demarcava o espaço social ocupado, conferindo *status* e prestígio ao indivíduo. Vejamos um exemplo. O capitão de ordenança de pé do distrito da Gama, Tomé Soares de Brito, ao solicitar confirmação da dita patente, argumentava que "serviu em vários ofícios sempre com boa nota e reputação sendo continuamente chamado para várias diligências, além de ser homem abundante de bens vivendo nobremente".[59] De fato, ao analisarmos seu inventário, aberto em 1804 na freguesia de São Caetano por seu filho José Soares de Brito, constatamos ser Tomé Soares de Brito um homem muito rico. Foi casado com Isidora Maria do Espírito Santo, com a qual teve dois filhos: o já mencionado José Soares de Brito, padre, e Tomé Soares de Brito, alferes. O defunto deixara como herança para sua família um patrimônio composto por terras de cultura na paragem do Piranga, uma fazenda, dívidas ativas, vários animais e um plantel de 16 escravos, além de diversos utensílios que evidenciavam sua distinção social, como objetos de ouro e prata, louças da Índia e do Porto, móveis de jacarandá e vestimentas de seda e linho, cujo total do monte-mor chegava à quantia de 12:025$500.[60] Pelo exposto pode-se dizer que Tomé Soares de Brito visava, com estes

---

[59] AHU/MG/cx.: 76, doc.: 30.
[60] CSM, 1º Ofício — Inventário *post-mortem* de Tomé Soares de Brito. Códice 122, auto 2542 (1804).

últimos elementos, publicizar sua imagem, e assim deixar claro qual o seu lugar na hierarquia social.

A partir de agora analisaremos o *locus* socioeconômico da parcela de oficiais de ordenanças aqui enfocados por meio da compreensão da distribuição da riqueza gerada. Para tanto vamos comparar a hierarquia de fortunas que elaboramos a partir dos dados dos inventários *post-mortem* dos oficiais com a de Carla Almeida, que, intentando observar os meandros da riqueza e pobreza na Minas setecentista, também elaborou uma hierarquia de fortunas com base em uma parcela de inventários *post-mortem* agrupados na Casa Setecentista de Mariana e no Arquivo da Casa do Pilar em Ouro Preto.

Quadro 11

Distribuição da riqueza entre os inventariados da comarca de Vila Rica por faixas e período — 1750-1822

Faixas de fortuna em libras (em %)	CVR			
	1750-1799		1780-1822	
	A	B	A	B
0-200	21	2.157,635	125	11.609,197
%	31,3	3,5	48,1	6,7
201-500	13	4.096,045	67	20.586,915
%	19,4	6,6	25,8	11,9
501-1.000	17	12.735,483	30	20.300,288
%	25,4	20,5	11,5	11,8
1.001-2.000	10	14.897,921	23	32.346,762
%	14,9	24,0	8,9	18,7
2.001-5.000	4	14.358,543	10	31.157,663
%	6,0	23,1	3,8	18,0
+ 5.000	2	13.836,926	5	56.957,347

continua

A CARACTERIZAÇÃO SOCIAL DAS CHEFIAS MILITARES | 95

Faixas de fortuna em libras (em %)	CVR			
	1750-1799		1780-1822	
	A	B	A	B
%	3,0	22,3	1,9	32,9
Total	67	62.082,556	260	172.958,172

Fonte: Inventários *post-mortem* da CSM e da CPOP. A: nº e % dos inventários da faixa; B: valor e % dos inventários da faixa (apud Almeida, 2001:191).

Quadro 11.1

Distribuição da riqueza entre os oficiais de ordenanças da comarca de Vila Rica por faixas e período — 1750-1822

Faixas de fortuna em libras (em %)	CVR			
	1750-1799		1780-1822	
	A	B	A	B
0-200	0	0	1	142,310
%	0	0	5,56	0,42
201-500	1	337,552	3	891,524
%	6,25	0,43	16,66	2,65
501-1.000	1	932,236	3	2.231,587
%	6,25	1,19	16,66	6,63
1.001-2.000	5	8.229,153	5	7.474,823
%	31,25	10,48	27,78	22,20
2.001-5.000	5	18.355,802	6	22.931,678
%	31,25	23,38	33,34	68,10
+ 5.000	4	50.653,444	0	0
%	25	64,52	0	0
Total	16	78.508,187	18	33.671,922

Fonte: Inventários *post-mortem* da CSM e da CPOP e testamento da CPOP. A: nº e % dos inventários da faixa; B: valor e % dos inventários da faixa. Para todos os inventários anteriores a 1810, convertemos o mil-réis para libras esterlinas com base em Buescu (1973:50-51). Em apenas dois casos fizemos a conversão para libras esterlinas com base na tabela de flutuações cambiais do livro de Mattoso (1982:254), visto que a partir daquele ano o mil-réis começou a se desvalorizar crescentemente.

Antes de adentrarmos na questão proposta, cabe sublinhar que as duas primeiras faixas de fortuna englobam o que chamaremos de pequenos proprietários, ou seja, indivíduos com fortunas avaliadas em até 500 libras. Os indivíduos possuidores de patrimônio que oscilava entre 501 e 2.000 libras, chamaremos de médios proprietários. Serão denominados grandes proprietários aqueles possuidores de fortunas acima de 2.000 libras.[61]

Pelos dados expostos no quadro 12, percebemos que Carla Almeida se deparou com grande percentual de pequenos proprietários entre os habitantes inventariados de Vila Rica de uma forma geral, com um número significativo de médios e diminuta parcela de grandes proprietários. Já entre a parcela de oficiais por nós analisada, encontramos um quadro diferente: era muito baixa a incidência de pequenos proprietários — apenas cinco oficiais, num total de 226 inventariados da comarca, possuíam fortunas abaixo de 500 libras. A grande maioria dos oficiais se encaixava entre o que denominamos médios e grandes proprietários em nossa hierarquia de fortuna. Nas duas faixas intermédias que englobam 501-2.000 libras, havia 14 oficiais, e naquelas superiores a 2.000 libras havia 15, ou seja, a parcela de oficiais aqui analisada ocupava lugar de destaque no seio da hierarquia socioeconômica dessa sociedade, sendo homens possuidores de considerável fortuna em comparação com o restante da população inventariada. Com efeito, ao compararmos os indivíduos possuidores de fortunas acima de 5.000 libras, percebemos o quanto era alto o poder econômico de alguns desses oficiais. Eram quatro os indivíduos que se encaixavam nessa faixa de fortuna, a saber, Antônio Gonçalves Torres, Antônio Ramos dos Reis, João Antônio Rodrigues e Paulo Rodrigues Durão. Suas fortunas somavam respectivamente 7.899,859 libras, 22.053,445

---

[61] Ressalte-se que tal classificação foi estabelecida a partir das análises de Carla Almeida em seu estudo acerca da hierarquização econômico-social da região enfocada (Almeida, 2001).

libras, 5.736,427 libras e 14.963,713 libras. Isso significa que, em nossa amostragem, esses quatro indivíduos detinham 45,15% do total da riqueza, para os dois períodos, em suas mãos.

Portanto, boa parte dos oficiais enfocados se encontrava entre a parcela do grupo dominante da hierarquia econômica da capitania, constituindo-se assim em indivíduos detentores de grande poder político e econômico.

No entanto, pelas faixas é possível perceber também que, apesar de se constituírem em um grupo de homens ricos, havia diferenciações econômicas entre a parcela de oficiais analisada. Por consequência, pode-se sugerir que os oficiais não faziam parte de um grupo uniforme e homogêneo, o que os dados do quadro 12.1 corroboram mediante identificação de diferenças de riqueza e consequentemente de *status* entre eles. Em outros termos, os indivíduos que integravam essa esfera militar não tinham todos a mesma origem social e tal fato resultava na demarcação de diferenças no seio desse grupo. Com efeito, a própria divisão das ordenanças em forças de pé, de cavalos, de pardos libertos e de negros libertos instituía diferenciações entre os comandantes militares. Um oficial com patente de capitão-mor de cavalos tinha muito mais *status* que um oficial de posse de um posto de mesma patente, mas pertencente a uma companhia de negros libertos. Ou seja, até mesmo o tipo de categoria social que o oficial comandava gerava níveis diferenciados de honra e *status* no interior do corpo de ordenanças.

Vejamos dois exemplos que demonstram bem tal disparidade de *status*, de honra e de riqueza entre os oficiais analisados. Antônio da Costa Guimarães era casado, sem filhos, e morreu em 1816 deixando testamento em que dizia ser natural de Braga. Era morador do arraial de Antônio Pereira, em Mariana, sendo o oficial com menor patrimônio em nossa amostragem. Durante sua vida não teve nenhum cargo administrativo, não ganhou sesmarias nem conseguiu ocupar um posto militar de maior destaque; foi, a vida toda, capitão da companhia de pardos libertos sem ter realizado grandes feitos ou "serviços" que pudesse usar como recurso para ascender ao topo da hierarquia. Entre seus maiores bens estavam duas moradas de casa assobradadas cobertas de telhas com quintal, cujo valor era de 290$000, além de algumas dívidas ativas com valor de 124$400, possuindo ainda três cavalos e algumas roupas que achou por bem listar por terem algum valor. Não possuía escravos. Quando foi feito seu inventário, seu monte-mor era de 599$203 ou 142,310 libras.[62]

Antônio Ramos dos Reis é o oficial com o maior patrimônio que localizamos, cujo monte-mor, de acordo com seu testamento, somava 78:400$000 ou 22.053,445 libras. Era casado e tinha três filhos. Em seu testamento dizia ser natural do Porto e morador em Vila Rica. Foi um dos homens mais abastados das Minas Gerais, "sendo descobridor de uma grandiosa lavra localizada no morro chamado comumente de morro do Ramos onde tem serviço de talho aberto e várias minas com muitas grades, tanques de recolher águas onde tem para cima de 100 escravos". Além disso, tinha também várias moradas de casas em Ouro Preto e no Rio de Janeiro, além de outra fazenda, também no Rio de Janeiro, "com casa de vivenda e capela, hum curral de criação de gado vacum com mais de 20 escravos, tendo também sesmaria no distrito de Iguaçu que cultiva há 14 anos por seus escravos que em sua estimação vale para cima de 60$000 cruzados".[63] Possuía ainda inúmeras joias e objetos de ouro e prata. Ocupou importantes postos militares ao longo de sua vida como o de mestre de campo e o de capitão-mor, além de desempenhar im-

---

[62] CSM, 1º Ofício — Inventário *post-mortem* de Antônio da Costa Guimarães. Códice 44, auto 1012, (1816).
[63] CPOP, 1º Ofício — Testamento de Antônio Ramos dos Reis. Livro nº 20, folha 74, (1761).

portantes funções administrativas, como a de vereador e a de juiz de órfãos, e ser cavaleiro professo da Ordem de Cristo.[64]

Evidencia-se, a partir desses dois exemplos, que mesmo em se tratando de um grupo com alguns traços comuns que os definiam enquanto tal, as possibilidades de acumulação — tanto material quanto de prestígio — para os indivíduos aqui enfocados, na sociedade em que se inseriam, eram bem díspares. Se nessa sociedade os indivíduos se percebiam e eram percebidos por suas "qualidades", convém lembrar que havia diferenças entre as "qualidades" dos membros desse grupo. Como sugerido, muitos elementos, além da riqueza, influíam na diferenciação e hierarquização da "qualidade", tais como o fato de serem conquistadores, de ocuparem cargos de mando na câmara e na administração real e a posse de títulos, elementos que, como se verá, foram utilizados como estratégias e/ou recursos por esses indivíduos para conquistar e manter posições de destaque na escala social e, consequentemente, exercer seu mando. Isso nos leva a perceber uma cultura desigualmente distribuída, gerando transações em que cada parte, com estratégias e recursos diferenciados, busca maximizar seus ganhos (Barth, 1981d:32-47).

O topo da hierarquia em Minas Gerais era, portanto, ocupado por aqueles que conseguiam articular-se entre os detentores de grandes cabedais e do poder político — não por acaso Antônio Ramos dos Reis era o homem mais abastado dentro da parcela de oficiais enfocada.

Desse modo, apenas o enriquecimento não garantia a ascensão social, que dependia de outras relações que não as econômicas. Nessa perspectiva é que se entende a busca de títulos, cargos, entre outras possibilidades, por parte dos oficiais, para ampliar suas riquezas. Tais investimentos, além de prerrogativas políticas, lhes proporcio-

---

[64] AHU/MG/cx.: 39, doc.: 67. Ver também AHU/MG/cx.: 31; doc.: 1.

nariam privilégios nas relações com o aparelho jurídico-burocrático e emolumentos que engordavam suas fortunas.

Mas a que tipo de atividade se atrelavam esses oficiais? Para responder a essa questão, montamos o quadro 12 com base nas informações contidas nos inventários *post-mortem* e na lista elaborada pelo provedor da fazenda, Domingos Pinheiro, em 1756. Os nomes vinham separados por comarcas e traziam indicado o local de residência e a ocupação de cada um deles.[65]

Quadro 12
Ocupação econômica dos oficiais de ordenanças
da comarca de Vila Rica
(para os quais temos informações)

Promoção	Frequência	%
Mineração	35	57,38
Negócio	16	26,23
Roceiro	7	11,47
Administrador do contrato	2	3,28
Escrivão da câmara	1	1,64
Total	61	100

Fonte: Lista dos homens mais abastados da capitania feita pelo provedor da fazenda Domingos Pinheiro. AHU/MG/cx.: 70, doc.: 41 e inventários *post-mortem* da CSM e da CPOP.
Obs.: Foram eliminados deste quadro os inventários para os quais só foi possível considerar o monte-mor.

Entre a parcela de oficiais aqui analisada, a mineração era a atividade econômica principal a que eles se atrelavam. Levando-se em conta que a lista utilizada para a verificação desse dado foi feita em um período de auge minerador, e que tal atividade foi a "razão de ser" da comarca em perspectiva, não surpreende que assim o fosse.

---

[65] Ver Almeida (2001:230).

Porém, ao analisarmos, juntamente com tal lista, os inventários *post-mortem* desses oficiais, que nos informam o momento final de suas vidas, constatamos que com a crise do ouro muitos desses homens procuraram diversificar suas atividades econômicas, dedicando-se também a outras atividades que ao longo do século XVIII foram dando maiores oportunidades de enriquecimento e, dessa forma, conseguiram se manter economicamente dinâmicos, assertiva que é corroborada pela mudança verificada anteriormente no padrão de investimentos desses oficiais.

Como já mencionado, com a crise do ouro, houve um rearranjo interno na atividade econômica principal, passando as atividades agropecuárias a desempenhar o papel de eixo central da economia.[66] Nessa esteira, entre as estratégias traçadas pelos oficiais para superarem a crise da produção aurífera na capitania ao longo do setecentos está a diversificação das atividades produtivas em suas propriedades, um meio eficaz de reduzir a dependência do mercado e assim garantir a dinamização da fazenda à medida que aumentavam seus rendimentos.[67] A forma mais comum de tal diversificação era conjugar, em suas propriedades, a mineração com a agropecuária. Por exemplo, o capitão João Rodrigues dos Santos se declarava, na lista de 1756, minerador. Quando, porém, analisamos seu inventário, datado de 1773, constatamos que esse oficial foi, ao longo do tempo, se dedicando também à agropecuária, passando a exercer as duas atividades, o que parece ter contribuído para o dinamismo de sua propriedade e, consequentemente, para o incremento de seu patrimônio, pois, ao final de sua vida, possuía um monte-mor no valor de 11:965$265.[68] Assim, conjugar a extração mineral com a agropecuária parecia ser a

---

[66] Ver Almeida (2001, cap. 2).
[67] A exemplo do que viu Carla Almeida (2001:219).
[68] CSM, 1º Ofício — Inventário *post-mortem* de João Rodrigues dos Santos. Códice 80, auto 1795 (1773).

opção econômica mais viável para aqueles que tinham possibilidade de acesso a terra e escravos na comarca de Vila Rica.

Outra atividade a que essa parcela de oficiais podia se dedicar para obter enriquecimento era o negócio. A arte de negociar parece ter sido muito lucrativa, pois muitos dos oficiais enfocados que em 1756 se declararam mineiros foram, ao longo do tempo, redirecionando investimentos para a atividade mercantil (visualizada sobretudo nas sociedades e na comercialização de víveres, já que o empréstimo de dinheiro a juros foi-se tornando pouco usual entre os oficiais ao longo do tempo — dado constatado anteriormente pela queda da variável "dívidas ativas" no patrimônio desses homens). A presença de tropas e outros instrumentos denotam que eventualmente comercializavam sua produção em pequenos ranchos e vendas. Além disso, alguns possuíam sociedade em vários negócios, e alguns poucos emprestavam dinheiro a juros. O desempenho de tais atividades comerciais era um meio de se obter uma fonte adicional de ganho.

A ocupação de roceiro também obteve destaque. Levando-se em conta que as atividades agropastoris e a pecuária foram, ao longo do século XVIII, aumentando cada vez mais seu dinamismo, não surpreende que aqueles que já em 1756 se dedicavam a elas continuassem revertendo seus investimentos para tal setor. Por exemplo, o capitão Francisco Machado Magalhães se declarou roceiro na lista do provedor da fazenda e, como pode ser visualizado por seu inventário, continuou se dedicando a tal atividade até o final de sua vida, setor que lhe rendeu significativo cabedal, sendo a soma de seu monte--mor contabilizada em 15:266$269.[69]

---

[69] CSM, 1º Ofício — Inventário *post-mortem* de Francisco Machado Magalhães. Códice 90, auto 1878 (1799).

Dentro do quadro esboçado, pode-se dizer que ao menos a parcela de oficiais por nós aqui analisada era composta de homens de significativo cabedal econômico, e que numa sociedade escravista a posse de riqueza, traduzida principalmente em propriedades e escravos, era forma de obter promoção social, pois a distinção se fazia mais pela posse (de riquezas, mas também de cabedais políticos e sociais) do que pelo nascimento.

Assim, se a "qualidade" desses oficiais era proveniente da política, sustentava-a o cabedal econômico, que muitas vezes era incrementado por meio dessa "qualidade primeira", isto é, o aproveitamento da condição política para realizar acumulações materiais (Fragoso, 2002:45), vale dizer, a relação entre as esferas política e econômica ia gerando um círculo vicioso — uma agindo sobre a outra constantemente.

Cabe sublinhar que os oficiais de ordenanças atuaram como *braços* da Coroa na administração do território colonial,[70] utilizando-se tanto do seu controle/monopólio sobre os fatores de produção e da mão de obra escrava quanto do seu poder político-militar na consolidação de suas posições sociais. Eles se constituíram em parceiros do empreendimento colonial na área da mineração, aumentando sua riqueza e seu poder, e se vincularam como colaboradores (e não como adversários) da Coroa, que, em troca, lhes concedia monopólios e privilégios (Araújo, 2002:50).

Assim, além das diferenças que resultavam da administração de um maior ou menor número de cabedais, devemos equacionar o papel da política. O exercício de cargos administrativos, o poder concelhio, os hábitos das ordens militares e outras benesses distribuídas pela Coroa funcionaram igualmente como um fator de diferenciação no seio do oficialato.

---

[70] Nesse sentido, ver Prado Jr. (2000). Ver também Faoro (2000).

Instalados em território colonial, muitos dos oficiais procuraram se inserir de forma privilegiada na sociedade. O respeito que logravam alcançar na colônia ligava-se à extensão de seus bens, à vida de ostentação e luxo que pudessem levar, a cargos honrosos que conseguissem ocupar e a outros elementos, provenientes de mercês régias, que podem ser considerados grandes trunfos dos oficiais para "jogarem" melhor nessa teia social, pois disso obtinham bens materiais e imateriais que os transformavam em poderosos locais e, consequentemente, em indivíduos imprescindíveis ao poder real.

Porém cabe ainda uma explanação melhor acerca de como isso influenciava na construção da autoridade desses oficiais. Era fundamental que o indivíduo tivesse a convicção de que para assumir a função de oficial era necessário ter os valores, os recursos, os méritos que o tornavam capacitado para tanto. Ora, isso somente seria sustentado a partir da busca de distinção e honra e da manutenção do poder adquirido através da afirmação do poder pessoal. Nessa sociedade e para o grupo em questão era essencial a busca de autoafirmação e manutenção da integridade pessoal. A aquisição e/ou manutenção da autoridade, necessária para o exercício do mando, era mais que um valor a ser alcançado; envolvia a própria sobrevivência desses homens (Silva, 1998).[71] É sobre isso que falaremos a seguir.

---

[71] Cf. especialmente o cap. 3.

CAPÍTULO 3

Das mercês às estratégias sociais: a busca por autoridade e mando nas *conquistas*

A invocação da "qualidade" (social) é visível nos atos de nomeações para postos militares, a fim de escolher o dirigente ideal (Costa, 2003b:106-107). Como visto, no Antigo Regime, a direção social por "homens de qualidade" das mais importantes instâncias da sociedade, entre as quais se inclui o âmbito militar, era desejada e baseada numa autoridade difusa e sem especialização. No ultramar tal qualidade estava invariavelmente associada à nobreza, mas não a uma nobreza derivada do ilustre nascimento, do sangue e hereditária, e sim a um ideal que invocava a concepção de "nobreza civil ou política", isto é, baseada na prestação de serviços ao monarca, bem como a um ideal que invocava um caráter guerreiro, donde se depreende também a concepção de conquistador.[72]

A ideia de que os oficiais das forças militares deveriam ter uma natureza diferente pode ser capitaneada, segundo Fernando Dores Costa, pela pressuposição de que estava em causa a definição da autoridade capaz de levantar homens e exercer sobre eles a influência

---

[72] Conforme destacou Nizza da Silva, a nobilitação dos coloniais perpassa a prestação de serviços ao monarca, que retribui com mercês que vão nobilitando cada vez mais esses indivíduos (Silva, 2005:7-10).

desejada (Costa, 2003a:74). Não pretendo entrar na discussão acerca da eficácia do recrutamento por parte desses oficiais; o que quero é chamar a atenção para o fato de que esses homens tinham de se reconhecer e ser reconhecidos como "homens de qualidade" para conseguirem exercer seu mando. O acesso ao mando e, portanto, ao ápice da hierarquia social na colônia não era automático. Para serem reconhecidos como um grupo de "qualidade superior" necessitavam do "consentimento" da sociedade (Fragoso, 2001:58). Como a força bélica é um palco, como qualquer outro, de jogo das honras e das precedências (Costa, 2003a:99), a composição dos postos superiores que detinham uma clara posição-chave não podia ser capitaneada por chefes apenas decorados com as "qualidades naturais" (força e destemor). Importante também na composição das chefias era o prestígio social e político de seu ocupante (Hespanha, 2003b:20-24).

Se os oficiais de ordenanças exercem funções reguladoras, se auxiliavam no ordenamento social e, consequentemente, ajudavam a Coroa em seus propósitos normatizadores, pressupõe-se que tinham recursos para tanto, isto é, pressupõe-se que tinham autoridade suficiente para fazê-lo, sobretudo se levarmos em conta que para o preenchimento de tais postos eram escolhidos os "principais da localidade", como a própria legislação portuguesa estabelecia.

Considerando que havia uma relação entre hierarquia e condição social, que mecanismos propiciavam a consolidação de poder desses oficiais para que atingissem os mais altos patamares da hierarquia? Quais os elementos propiciadores de seu mando? Em suma, quais as estratégias traçadas e os recursos disponíveis para serem vistos e permanecerem como autoridade? São essas as questões que o presente capítulo procurará responder.

Para o esclarecimento das questões expostas, partiremos para a adoção de esquemas interpretativos que enfatizam a experiência e as ações sociais dos atores. Importante ressaltar que a adoção de uma abordagem centrada na ação social retratará os atores como movidos por forças internas do próprio processo social. Apesar de as estruturas extraindividuais existirem na sociedade, estas, acreditamos, não têm existência autônoma, independente dos indivíduos: são produzidas por eles. O suposto aqui defendido é que os indivíduos podem alterar os fundamentos da ordem vivenciada a cada momento sucessivo no tempo histórico: eles não carregam dentro de si as normas sociais; estas são formadas nas interações entre os atores.

Em outras palavras, analisaremos os oficiais de ordenanças como seres racionais e sociais que perseguem objetivos, num contexto em que as regras e os limites impostos às suas próprias capacidades de escolha estão essencialmente inscritos nas relações sociais que eles mantêm. Eles se situam, portanto, nas redes de obrigações, de expectativas, de reciprocidades que mantêm e caracterizam a vida social, sendo suas ações dependentes da posição que ocupam e de sua imagem ante o grupo ao qual pertencem (Revel, 1998; Elias, 1994, 2000).

Priorizaremos aqui, como fontes, os relatos de carta patente e as "folhas militares" desses homens, que expunham todo um *modus operandi*, destacando "serviços" que nos permitam entender os padrões de comportamento que eram mais acionados para conseguir atingir certos fins, ou seja, que tipo de comportamento orientava suas escolhas e o que se privilegiava como mecanismo de ação.

Os recursos disponíveis para maximizar e atestar a autoridade

Como já sugerido, os oficiais de ordenanças tinham como valor norteador de suas ações em Minas colonial a busca por legitimação e maximização de sua prerrogativa de mando e de sua "qualidade". O valor é identificado por escolhas que se repetem, que adquirem regularidade. Segundo Barth, valores são o que as pessoas pensam e como agem sobre certo fim. São julgamentos a partir dos quais se procuram maximizar ganhos (Barth, 1981c:48-60). A maximização de ganhos é alcançada através do uso de uma série de recursos e de estratégias que delineiam diferentes escolhas e caminhos, mas que são norteados pela mesma matriz de valores, e a comparação é um meio de observar, por diferentes trajetórias individuais, essa "gama de possíveis". Portanto, a comparação pode ser utilizada para se perceber como um valor e um comportamento se tornam uma regra, um padrão (Barth, 2000c:186-200). Vejamos dois casos em que o valor norteador das ações dos oficiais de ordenanças, bem como os recursos de que dispunham para maximizar ganhos, no sentido de terem mais margem de manobra dentro dos limites e condições da ordem colonial, ficam explícitos.

Manuel de Souza Pereira, natural de Lisboa, filho de Manuel da Costa Pereira, escrivão proprietário das apelações cíveis, veio para as Minas provido no cargo de inquiridor, contador e distribuidor em Vila do Príncipe, "por sua boa capacidade, por ser estudante de gramática e por já ter atuado como escrivão do judicial em Lisboa".[73] Ainda no reino teve suas primeiras atuações militares, exercendo a praça de soldado e alferes pago na guerra da grande aliança.[74] Já nas

---

[73] AHU/MG/cx.: 24, doc.: 85.
[74] A guerra da grande aliança se refere ao conflito de sucessão da Espanha ocorrido no início do século XVIII, dentro do quadro de tensões que se seguiram à Restauração, que, em termos gerais, tinha como protagonistas França e Grã-Bretanha. Nesse conflito, Portugal coligou-se com a Inglaterra contra a França, em troca da proteção daquela nos conflitos continentais e por vantagens comerciais em suas possessões ao redor do mundo. Ao se colocar contra os interesses franceses, Portugal teve seus domínios ultramarinos sistematicamente assediados pela guerra de corso promovida pela França. Corsários queimaram a cidade de Benguela em 1705, saquearam a ilha do Príncipe em 1706, São Tomé em 1709 e Santiago de Cabo Verde em 1712. Mas nenhum desses empreendimentos foi tão lucrativo quanto a invasão e o saque da cidade do Rio de Janeiro pela esquadra de Duguay-Trouin em 1711, depois do fracasso da invasão de Duclerc no ano anterior. Sobre esse assunto ver Bicalho (2003).

Minas alcançou duas importantes patentes: a de sargento-mor de ordenanças e a de tenente-coronel de cavalaria auxiliar, ambas de Vila Rica,[75] e em 1765 solicitou a patente de coronel de cavalaria auxiliar, também de Vila Rica. Entre os argumentos que destacou para obter a dita patente, além de sua já citada experiência militar, dizia ser "*homem abastado e viver sempre a lei da nobreza* cujas circunstâncias são acompanhadas da boa vontade com que sempre se empregou no real serviço e a toda defesa".[76] Mencionou também os vários cargos políticos que exerceu ao longo de sua vida: além do já citado ofício de inquiridor, contador e distribuidor em Vila do Príncipe, atuou como escrivão da ouvidoria na mesma localidade e como juiz ordinário em Vila Rica.[77] Todos esses papéis sociais já faziam de Manuel de Souza Pereira um dos homens mais prestigiados da capitania, porém, além disso, esse oficial conseguiu ser agraciado com o hábito da Ordem de Cristo e tornar-se familiar do Santo Ofício.[78]

Bernardo Joaquim Pessoa de Lemos era natural da Figueira, comarca de Coimbra, casado com d. Maria Correa Galas, morador em Vila Rica, e tinha a ocupação de mineiro. Desde 1735 ocupava o ambiente das ordenanças graças ao posto de alferes em uma companhia de cavalaria. Essa companhia de cavalos integrava um dos quatro regimentos de cavalaria de ordenanças criados por Gomes Freire de Andrade, em 1735, para melhor militarizar o país e para socorrer o Rio de Janeiro no caso de ataque inimigo (Mello e Souza, 2004:111). O fato de Bernardo Joaquim Pessoa de Lemos ter sido escolhido para ocupar um dos postos desses novos regimentos criados denota o grande prestígio que ele já devia possuir

---

[75] AHU/MG/cx.: 85, doc.: 75.
[76] Ibid., grifos meus.
[77] Ibid. Ver também: cx.: 44, doc.: 81.
[78] "Relação dos privilegiados existentes na capitania de Minas". AHU/MG/cx.: 111, doc.: 38.

na sociedade e que, ao ser escolhido para ocupar tal regimento, maximizava ainda mais, uma vez que Gomes Freire estipulou que "os novos oficiais deveriam ser escolhidos entre as pessoas de maior distinção e capacidade da capitania".[79] Em 1741, tornou-se tenente de cavalos de auxiliares e, em 1764, solicitou nova patente — desta vez de capitão na companhia criada por Gomes Freire —, no lugar de Francisco da Silva Machado, que desistiu do posto em razão de "se achar avançado em anos e padece queixas que o impossibilitam de montar a cavalo e por este motivo não poder continuar no real serviço".[80]

Porém sua bem-sucedida carreira militar não foi suficiente para conseguir a confirmação no posto de capitão de cavalaria. Assim, a fim de reafirmar os merecimentos que o tornavam capacitado para ganhar tal patente, Bernardo Joaquim Pessoa de Lemos argumenta que, além de "ser pessoa distinta e estar *estabelecido com lavras e rossas e viver abonado de bens*", prestou outros serviços à Coroa, como o exercício de cargos na câmara de Vila Rica, no caso o de juiz almotacé e vereador, "aos quais se tem conservado com a mesma autoridade e honra".[81] Vejamos seu desempenho nesses cargos, relatado pelos próprios vereadores:

> Assistiu a todas as vezes em que se fazia preciso a sua assistência [...] e no ano que estava servindo de vereador concorreu com seu voto para se estabelecer o novo subsídio que a dita comarca ofereceu a V. Majestade por carta que esta recebeu por causa do estrago que causou o terremoto na cidade de Lisboa obrando em tudo com muito acerto e por ser pessoa distinta foi eleito pela mesma câmara com assistência do capitão-

---

[79] AHU/MG/cx.: 84, doc.: 26.
[80] Ibid.
[81] Ibid., grifos meus.

-mor desta vila António Ramos dos Reis no posto de capitam de cavalos de Itatiaia pelo qual julgamos hábil para todos os empregos da República.[82]

A fim de garantir a obtenção da dita patente, e assim aumentar sua prerrogativa de mando e ressaltar sua "qualidade", Bernardo Joaquim Pessoa de Lemos acionou outro papel social por ele desempenhado que também era muito valorizado nessa sociedade: o de camarista, denotando que os agentes sociais podiam possuir vários *status* (isto é, recursos, direitos e deveres) num mesmo contexto. Na sociedade aqui enfocada, o mesmo indivíduo podia ser, simultaneamente, oficial, camarista, comerciante, senhor de escravos, entre outros, ou seja, o sujeito era multifacetário e jogava com todas essas possibilidades. Ressalte-se que o uso de cada um desses *status* na maximização de ganhos dependia da situação em questão, dada pelo processo de interação. Por isso, para Barth, o processo é sempre uma barganha, pois é formado por agentes com *status* diferentes que vão estabelecendo estratégias, ou seja, para ele o processo é sempre algo tenso (Barth, 1981b:119-137).

Pelos exemplos citados nota-se que entre os recursos utilizados por esses indivíduos para que conseguissem angariar mercês e assim maximizar sua autoridade está o fato de terem certa experiência com assuntos militares na ocupação de outros postos, exercerem cargos públicos e serem abonado de bens. Era comum que os oficiais ocupassem vários postos militares, e por longos períodos, o que lhes dava certa experiência em relação a tais assuntos, além de abrir espaço para a formação de memória de um passado permeado por lutas e adversidades, em que tais vassalos demonstraram lealdade. Em troca, podiam alcançar o reconhecimento do rei com o agraciamento de títulos, privilégios

---

[82] AHU/MG/cx.: 84, doc.: 26.

e honras, elementos que operavam as distinções hierárquicas no seio desse grupo e contribuíam na definição de sua "qualidade".

O exercício de cargos públicos era também destacado nos discursos dos oficiais como um elemento que os diferenciava dos demais e que, portanto, os fazia dignos de receber outras benesses reais. A ocupação desses cargos era um importante mecanismo de diferenciação social, principalmente quando se referiam aos cargos de governança, pois era meio de se obter o reconhecimento público de *status* e traduzia uma assimilação por parte das elites locais. A ocupação de cargos administrativos pode ser considerada fulcral para aquisição e exercício da autoridade desses oficiais, pois era forma de participar do poder, de interferir em pontos-chave da sociedade, como a justiça e a economia (Fragoso, 2003:4), de partilhar da honra inerente a tais funções, de incrementar redes de dependentes e de poder, ou seja, de fazer parte da pequena elite colonial. Além dessas prerrogativas políticas, tais cargos abriam espaço, como mencionado, para que tais indivíduos incrementassem seu cabedal material com os emolumentos e propinas que ganhavam e com a posse de informações privilegiadas que podiam auxiliá-los na condução das atividades econômicas às quais se atrelavam.

E a riqueza não pode ser desprezada como um elemento propiciador da autoridade desse oficialato. Como os exemplos anteriormente expostos demonstraram muito bem, era comum que os oficiais destacassem, em seus discursos, sua opulência de cabedais e o fato de viverem nobre e distintamente para a aquisição de mercês. Portanto, o cabedal também era importante na classificação e caracterização dos oficiais, principalmente se lembrarmos que existiam diferenças de nível econômico e, consequentemente, de *status* no seio desse grupo, e que justamente por isso se criava a distanciação necessária para a efetivação da hierarquia interna do corpo (Costa, 2003b:110).

Desde o século XVII, as intervenções legislativas da Coroa se encaminharam no sentido de garantir que os postos de ordenanças, bem como os de vereações, fossem ocupados pelos "principais da terra". Nessa caracterização, a riqueza assume papel significativo. Além disso, cabe sublinhar que os oficiais dessa força militar não recebiam soldo; portanto só para aqueles que possuíssem opulência de cabedais seria possível ocupar os mais altos postos nas ordenanças, conquistados mediante prestação de serviços que, muitas vezes, demandavam o uso de "fazendas e cabedais", além de escravos. A própria legislação portuguesa, desde as disposições sebásticas, definia que os oficiais de ordenanças deveriam possuir uma renda mínima para o exercício dos postos, principalmente os que estavam ligados à cavalaria, em que se exigia "tratar-se à lei da nobreza", isto é, com cavalos e criados. Somente a posse de riqueza permitia o tratamento nobre, o que envolvia, além da posse de escravos, criados e cavalos, o uso de indumentárias opulentas, objetos decorativos, insígnias e, até mesmo, de certas armas, como o espadim (Silva, 2005:137).

A exteriorização da nobreza colocava a população a par dos modos de proceder do reino e da hierarquia de poder, da ostentação de luxo e riqueza por meio das vestimentas e insígnias, e assim demarcava o espaço social ocupado. Alba Zaluar já destacara que, através dos símbolos, os agentes sociais podiam referir-se a importantes noções abstratas, tais como solidariedade grupal, poder, autoridade, dependência, reciprocidade social etc. Segundo a referida autora, o ritual e os símbolos podem ser manipulados com fins de legitimar *status*, ou seja, podem assumir uma função política, pois podem ser utilizados para afirmar unidade e legitimar posições sociais (Zaluar, 1983:33-36). Em outra parte deste trabalho destacamos a importância que a indumentária, a decoração das casas e o uso de joias tinham para os oficiais. Não por acaso muitos deles possuíam, entre seus bens arrolados em inventários, roupas de linho e seda bordadas de ouro e prata, objetos de porcelana, móveis de jacarandá trabalhados, joias com diamantes. A distinção hierárquica por tais elementos era típica do Antigo Regime, sendo um meio de se distinguir das demais camadas sociais. Com tais elementos, os indivíduos iriam publicizar suas imagens, e assim podiam tornar público seu lugar na hierarquia social. O sargento-mor João Antônio Rodrigues, por exemplo, possuía, entre os bens arrolados em seu inventário, pinturas, inúmeras joias, como anéis e brincos de ouro e diamantes, crucifixos e brasões de ouro, roupas de carmesim com bordados de ouro e prata, louças da Índia e do Porto.[83] Pode-se dizer que com tais objetos e seu modo de vida João Antônio Rodrigues procurava externar todo o seu prestígio e reforçar a estratificação da sociedade, estabelecendo espaços de prestígio e distinção e, consequentemente, reforçando sua "qualidade".

Os oficiais, portanto, se percebiam e eram percebidos enquanto tais a partir de elementos fulcrais dessa sociedade, que tinha o prestígio social — ligado sobretudo ao exercício do poder público e à ocupação de cargos honrosos, bem como à riqueza — como um de seus pilares, denotando que as modalidades de percepção e de ação coletivamente desenvolvidas no sistema de interações eram individualmente incorporadas. Em outras palavras, e conforme destacou J. Maravall, esse grupo justificava seu poder fundamentando-o em elementos que eram aceitos coletivamente (Maravall, 1989:164).

Outro recurso que os oficiais podiam utilizar para ter acesso a benefícios e mercês e, dessa forma, a meios de aumentar seu mando e "qualidade" era oferecer suas "fazendas" e escravos na defesa das conquistas. A título de exemplificação, destaco Bento Ferraz Lima. Em 1735 esse oficial solicitou confirmação de carta patente de capitão-mor de Catas Altas, posto que, nos dizeres do governa-

---

[83] CSM, 1º Ofício — Inventário *post-mortem* de João Antônio Rodrigues. Códice 133, auto 2774 (1732).

dor André de Mello e Castro, Bento Ferraz Lima era merecedor por ser "pessoa de muitos merecimentos, pela sua fidelidade zelo e valor com que sempre se distinguiu neste país não só pela aceitação de todos como para o real serviço empregandosse nele com todo o afecto sempre que veio ser preciso".[84] As ocasiões a que se referiu o governador foram quatro momentos distintos: em 1718, na perturbação causada pelo coronel João Barreiros e pelo juiz de Cayeté "por juntarem armas e perturbarem os povos do distrito", situação em que, por ordem do conde de Assumar, Bento Ferraz Lima *"acudiu com vinte escravos seus armados,* dando calor à prisão e conduzindo os presos com toda a segurança"; a marcha que o dito oficial fez para o morro do *Carassa* para atacar quilombos "de onde saíam continuamente negros a fazer brutalidades *no que despendeu sua fazenda considerável parte por levar escravos armados*"; sua atuação no levante de Pitangui mandando, por ordem do conde de Assumar, *"ir para aquela vila vários escravos armados* com um homem branco que lá estiveram dois meses até ficar o país na devida obediência";[85] e, por último, sua atuação no levante de Vila Rica:

> Quando intentarão os moradores das minas reduzir a república as terras deste governo expulsando dele governadores e justiças vindo prontamente de sua casa por ordem do governador a incorporar-se com ele marchando em sua companhia para Vila Rica *com muitos escravos armados* onde lhe assistiu, até se extinguir a rebelião [...] e mais uma vez despendeu seus escravos para conduzir os presos com segurança ao Rio de Janeiro.[86]

---

[84] AHU/MG/cx.: 29, doc.: 77.
[85] Ibid., grifos meus.
[86] Ibid., grifos meus.

Conquistar novas terras e, portanto, submeter populações implicavam ter superioridade em uma hierarquia estamental. O relato acima nos mostra que isso se tornava ainda mais reforçado quando tais feitos eram "à custa de suas fazendas e escravos", fenômeno que podia traduzir-se em mercês régias para tais "leais súditos" (Fragoso, 2003:2). Como um dos primeiros povoadores das Minas, Bento Ferraz Lima atuou sistematicamente em combate a levantes e conflitos internos da capitania, acompanhado de seus negros armados, a fim de angariar mercês e reconhecimento social. De fato, pelo tempo que permaneceu na dita capitania como oficial, tornou-se "pessoa bem quista e de muito respeito, concorrendo com seu exemplo e persuasão para aumento dos quintos".[87] Tais qualidades o ajudaram a "ocupar cargos honrosos na república mostrando acerto e fidelidade desprezando sempre sua fazenda pela honra do real serviço", além de ajudá-lo a ganhar a patente de capitão-mor.[88]

O exemplo citado corrobora, mais uma vez, a importância que a riqueza assumia na constituição da "qualidade" e do poder de um indivíduo nessa sociedade. Decerto que a riqueza por si só, no Brasil colonial, não definia tal "qualidade", já que era necessário um enquadramento nas graças honoríficas existentes para conquistá-la (Silva, 2005:132), mas não se pode desconsiderar que o cabedal foi, em muitos casos, condição *sine qua non* para mantê-la.

Outro recurso utilizado pelo oficialato para angariar mercês e, consequentemente, poder e autoridade era sua participação na conquista e defesa do território colonial. A ideia de conquista do território colonial como elemento de glória, como local e instrumento por intermédio do qual os "homens de qualidade" podiam, ao mesmo tempo, afirmar seu domínio e seu prestígio, integra-se ao sistema de valores desses oficiais (Bebiano, 2003:47). Os relatos de suas cartas

---

[87] AHU/MG/cx.: 29, doc.: 77.
[88] Ibid.

patentes nos permitem afirmar que eles se apropriaram da própria história colonial para garantir a defesa de interesses tendo em vista que se incluíam nela, colocavam-se ao lado dos vencedores, proclamavam seus feitos heroicos e glórias. Nicolau da Silva Bragança é um caso exemplar nesse sentido. Natural da cidade do Porto, saiu de sua terra natal em 1705 embarcado na fragata Nossa Senhora da Graça, sob comando do capitão José Sardinha, cujo destino era o Rio de Janeiro, "saindo do porto de Lisboa em 28 de abril do dito ano comboiando uma nau da India e mais 20 navios ao Rio de Janeiro onde entraram em 30 de julho".[89] Nicolau da Silva Bragança atuou nessa viagem como praça de soldado da Companhia da 3ª Armada e, nos dizeres do capitão do navio, "em todo o decurso desta viagem fez suas obrigações de soldado, obedecendo ao real serviço e a tudo que eu e outros oficiais lhe foi mandado e merece toda honra que V. Mag. for servido fazer lhe".[90] Chegando ao Rio de Janeiro foi mandado servir no presídio de Santos "com passagem por ordem do general do Rio de Janeiro e lá serviu por alguns anos". Em 1708,

> na ocasião em que um homem régulo chamando Bento Fernandes de Faria que intentava invadir com 112 homens armados o dito presídio Nicolau da Silva Bragança acudiu o governador dela para desalojar os infratores com honra e acerto dando conta de tudo que se lhe encarregou.[91]

Em 1721, já em Vila Rica, por ordem do conde de Assumar,

> *marchou para Vila do Carmo armado com seus escravos* e outro companheiro *para guarnecer o governador contra os intentos*

---

[89] AHU/MG/cx.: 1, doc.: 9
[90] Ibid.
[91] AHU/MG/cx.: 36, doc.: 75.

dos amotinados indo no destacamento que foi prender José da Silva Guimarães e Francisco Xavier cabeça dos sublevados, marchando com o mesmo Conde a sossegar *Vila Rica* donde por ordem sua foi acompanhar os cabeças da mesma subelavação até fora da comarca [...].[92]

Além disso, Nicolau da Silva Bragança serviu por muito tempo como provedor dos quintos da freguesia do Furquim e "[...] achando-se na cobrança deles fazendo todo este serviço a sua custa procedendo em tudo com grande honra e acerto obrando da mesma sorte no posto de sargento-mor do Brumado e Rio abaixo".[93] Após listar todos esses serviços prestados à Coroa, Nicolau da Silva Bragança enviou um requerimento ao Conselho Ultramarino solicitando que, em reconhecimento a toda a sua lealdade ao rei, lhe fossem concedidas graças, um reconhecimento que parece ter sido dado, visto que em 1750 apareceu como cavaleiro professo da Ordem de Cristo pedindo, em paga de seus serviços, a mercê de se lhe concederem 400$000 de tença para repartir por três irmãos.[94]

Assim como a experiência militar, o fato de serem abastados de bens, de viverem distinta e nobremente e exercerem cargos públicos foram utilizados como recursos por parte desse oficialato para legitimação de sua "qualidade" e, portanto, de sua de autoridade; os méritos provenientes da *conquista* por meio de um discurso que valorizava sua condição de herói na colonização da América foram também muito usados nesse sentido. Quando em suas petições esses oficiais se reportavam aos anos de serviços prestados ao rei e aos grandes feitos realizados por eles em combate a levantes, sossego dos *povos*, povoamento de novos territórios, estavam na verdade se aproprian-

---

[92] AHU/MG/cx.: 36, doc.: 75, grifos meus.
[93] Ibid.
[94] AHU/MG/cx.: 57, doc.: 19.

do dos valores e glórias da sociedade colonial para enaltecer suas ações, angariar reconhecimento social e obter uma explicação para sua condição de aliados da Coroa portuguesa, buscando inclusive valorizar-se aos seus próprios olhos. Em seus relatos evidenciam que procuravam se colocar na posição de vencedores, aliados das autoridades reinóis com as quais dividiam as honras e glórias das conquistas militares, merecendo, por isso, as mercês do rei. Assumiam assim a identidade de subordinados, mas reelaboravam-na de forma a transformá-la em identidade gloriosa colocando-se como fiéis servidores do rei distante (Almeida, 2003:259).

Nesse aspecto é exemplar o caso do capitão do mato José Inácio Marçal Coutinho. Homem preto, crioulo forro, seu percurso individual para conseguir essa patente nos mostra também como podiam ser abertas possibilidades de mobilidade na sociedade.

Como se sabe, nas Minas era comum o emprego de homens de cor em campanhas militares, agrupados em corpo de homens do mato, cujo fim era atacar quilombos, prender negros fugidos e impedir assaltos nas estradas (Cotta, 2005:207). No decorrer do século XVIII esses homens do mato ficaram conhecidos por capitães do mato, capitães-majores do mato, capitães do campo, capitães das entradas, capitães de assalto, capitães das entradas do mato e capitães das entradas e assaltos. As denominações variavam no tempo e no espaço. Hierarquicamente estavam divididos em capitão-mor do mato, sargento-mor do mato, capitão do mato; cabo do mato e soldado do mato (Cotta, 2005).

A utilidade que os homens de cor tinham para o real serviço era constantemente reconhecida pelas autoridades reinóis. O governador da capitania, Martinho de Mendonça de Mello e Castro, por exemplo, ao organizar as forças militares de Minas que seriam mandadas em socorro do marquês de Lavradio na guerra contra a Espanha no sul do Brasil, destaca que em relação aos corpos de homens pardos e pretos:"esta gente he muito util pela facilidade que tem de entrar nos matos".[95]

O próprio José Inácio reconhecia o auxílio que os homens de cor forneciam à Coroa, empregados em forças militares (divididas em companhias de ordenanças de pé, corpos de pedestres e companhias de homens do mato). Segundo seu relato:

> Desde o descobrimento das minas Sua Mag. *tem empregado os homens de cor preta, parda e mamelucos da terra com ocupações de capitães mores e capitães de entradas dos matos por razão de serem eles práticos nas ocultas veredas dos matos* e se necessitar dos préstimos de tais execuções para limparem as estradas e destruírem as ditas estradas de homens régulos e facinorosos e que para a melhor execução destes empregos e dos segredos das ordens superiores dos governadores, câmaras, corregedores e mais justiça de S. Mag. sirva tais postos com os ditos negros e pardos.[96]

José Inácio, assim como muitos outros de seu tempo, era um homem negro a perseguir, prender, mutilar, degolar e matar negros quilombolas ou simples fujões em troca de recompensas e que, por tais "serviços", esperava algum dia receber mercês do rei (Mello e Souza, 1999b:195 apud Cotta, 2005:222).

Em 1762, José Inácio Marçal Coutinho solicitou uma patente de capitão das entradas e assalto dos matos, rios, serras e campos de Vila Rica, o que pressupunha recursos para tanto. Entre estes destacava o fato de ser "prático das ditas entradas e assalto dos atos e de sempre ter se tratado com limpeza de mãos".[97] Esta última menção denota

---

[95] AHU/MG/cx.: 108, doc.: 47.
[96] AHU/MG/cx.: 79, doc.: 15, grifos meus.
[97] AHU/MG/cx.: 80, doc.: 26.

que José Inácio possuía algum cabedal que lhe permitia "viver distintamente". Além disso, destacou sua capacidade e valor assinalando todos os momentos em que esteve a serviço d'*El Rey*:

> Porque foi sempre igual vassalo de V. Mag. como os mais libertos da dita capitania com os quais serve a V. Mag. em utilidade a sua real coroa e fazenda com os mais libertos todas as diligencias do real serviço ordenadas por seus superiores os capitães generais governadores, câmaras, ouvidores, provedores, juízes de fora e ordinários *como destruir coios de foragidos que se acham nas estradas a roubar e matar e incomodar moradores das povoações como sucedeu na vila da Sabará em 1748* sendo ouvidores dela João Alvares Simão e João de Sousa Lobo. Além disso como consta da relação de serviços do suplicante e mais libertos junto a um registro, *contribui na mesma forma um e outros com quintos na real casa da capitação do ouro* e continuam na real fundição do ouro em rever dízimos e passagens de rios.[98]

Pelo seu requerimento percebemos também que José Inácio estava ciente de que outros homens de cor foram agraciados com patentes militares de mais alto escalão na América e até em outras partes do império, e que, portanto, não era nada absurdo o que estava pedindo. Argumentou ele:

> Por haver em toda América, Angola, Sam Thomé e Cabo Verde regimento de auxiliar militar e ordenanças como os Henriques de Pernambuco, terço destes Henriques na Bahia, *capitães de Infantaria nas cias com algumas dos regimentos de Angola, capitães mores de presídios da mesma Angola* e houve

---

[98] AHU/MG/cx.: 80, doc.: 26, grifos meus.

também nas Minas em tempo dos governadores Manuel Nunes Viana e Antonio de Albuquerque *que fundou cia de forros na dita capitania na Vila de São João Del Rey e tem sido vários postos ocupados por homens da cor*.[99]

Mencionou também outro recurso que possuía e que evidenciava outro *status* seu: o de homem letrado. Por ter ocupado o emprego de escrevente "com conhecida pratica do judicial e daquelas pessoas mais notáveis daquelas povoações fazendas e estradas [...] *era o suplicante dotado da prenda de saber ler, escrever, contar e outros que formão limitações dos referidos homens pretos*".[100]

José Inácio conseguiu o posto solicitado, recebendo, em 1765, a confirmação de sua carta patente passada por d. José I. O exemplo aqui apresentado revela que José Inácio se identificava perante as autoridades e colonos a partir da posição que ocupava no mundo colonial, apropriando-se do código lusitano para defender suas reivindicações e também da própria história colonial, inserindo-se nela, participando da colonização e defesa do território ao lado dos partidários do rei.

Através das patentes e de sua atuação em forças bélicas, os homens de cor tinham abertas possibilidades de conseguir a liberdade e certa mobilidade social, como o exemplo de José Inácio demonstrou muito bem (Cotta, 2005:222). Conforme ressaltou Barth, mesmo na desigualdade, o agente procura maximizar ganhos, pois graças a seu papel social/*status* (isto é recursos, direitos e deveres) pode se movimentar. Para cada um de seus papéis sociais o ator vai ter recursos, direitos e obrigações diferentes. Isso relativiza a ideia de uma sociedade estamental em que as hierarquias são totalmente rígidas, como no Antigo Regime, pois com os vários *status* o sujeito burlava certas divisões sociais (Barth, 1981f:76-104).

---

[99] AHU/MG/cx.: 80, doc.: 26, grifos meus.
[100] Ibid., grifo meu.

Destacaremos um último caso para exemplificar os mecanismos de ação dos atores em foco para maximizarem ganhos, no caso, mercês, que em última instância acarretavam "qualidade" e prerrogativas de mando. Em outros termos, procuraremos explicar como a variedade de formas sociais era gerada a partir do uso que cada ator fazia dos recursos de que dispunha e como procurava tirar daí maior vantagem possível, identificando assim as expectativas e obrigações de cada um no jogo (social) (Rosental, 1998:158-159).

Se pensarmos que eram inúmeros os interesses dos vários agentes sociais presentes nessa sociedade, e que a realização das expectativas de uns chocava-se com a de outros, gerando conflitos, a escolha de novos oficiais para os lugares vagos das companhias e, sobretudo, a eleição para capitão-mor, posto que conferia nobreza vitalícia, é momento privilegiado para entendermos os mecanismos de ação dos oficiais, pois funcionavam como um palco onde os diferentes atores procuravam fazer valer sua força (Rodrigues, 2003:251).

A região de Vila Rica foi marcada por alguns choques entre oficiais das ordenanças a propósito dos atos eleitorais, como o ocorrido entre o sargento-mor João da Silva Tavares e José da Silva Pontes. Em 1775, com a morte do antigo titular do posto de capitão-mor de Mariana, José da Silva Pontes, houve eleição para substituí-lo. Os principais candidatos à sucessão eram dois: de um lado, o filho do antigo titular, também chamado José da Silva Pontes, que servia "atualmente a S. Mag. em praça de cadete nas tropas pagas de dragões de Vila Rica, sendo pessoa das principais desta vila (Rodrigues, 2003:251); de outro, João da Silva Tavares, que serviu como capitão de cavalos de ordenanças no Inficcionado "mais de 19 anos. Atualmente servia no posto de sargento-mor onde tem atuado com geral aceitação dos povos, seos superiores e subalternos como se vê da atestação do ouvidor-geral e corregedor da comarca".[101]

---

[101] AHU/MG/cx.: 108, doc.: 45.

João da Silva Tavares foi também juiz de órfãos entre os anos de 1772 e 1773, função em que

> se portou com notório zelo e desinteresse; além de ter sido também, guarda-mor substituto da repartição das terras e águas mineiras em Catas Altas, cuidando muito em compor discórdias, inquietações e pondo em boa arrecadação o real subsídio e interesses régios em que tem feito grandes despesas de sua própria fazenda a sua custa sem ter soldo algum.[102]

A despeito de João da Silva Tavares ser homem de tanto prestígio e ter tanta experiência em termos militares, além de "ser pessoa muito rica que sempre se tratou a lei da nobreza com armas, cavalos e criados",[103] tendo portanto uma candidatura muito bem justificada, ele perdeu a disputa. Não concordando com a escolha, o dito sargento-mor enviou um requerimento ao Conselho Ultramarino queixando-se do modo como se procedeu à elevação do posto de capitão-mor de Mariana e solicitando sua nomeação para o mesmo.

> Sucedendo a falecer o capitão-mor da dita cidade José da Silva Pontes e querendo a câmara proceder a eleição do dito posto se antecipou o corregedor da comarca *a intimidar os senadores da parte do capitão general e governador da capitania* António Carlos Furtado de Mendonça *para que votassem em primeiro lugar em José da Silva Pontes, filho do dito capitão-mor defunto*, que atualmente serve a S. Mag. em praça de cadete nas tropas pagas de dragões de Vila Rica.[104]

---

[102] AHU/MG/cx.: 108, doc.: 45.
[103] AHU/MG/cx.: 116; doc.: 58.
[104] Ibid., grifos meus.

Afirmava, pois, que José da Silva Pontes (filho) não podia ser eleito por ter muitos impedimentos, entre os quais destacava:

> Que é da real intenção de V. Mag. *que não saia das Tropas Pagas indivíduo algum para as Ordenanças e que para as ocupações de capitão mor sejam propostas pessoas com inteligência e abastados de bens da melhor nobreza* e o dito José da Silva Pontes não tenha cousa alguma de seu.[105]

Temos aqui um caso que demonstra bem como, na interação, as partes procuram maximizar ganhos colocando em prática um jogo de estratégias (que consistem em uma sequência de prestações recíprocas) que representam os sucessivos movimentos no jogo. A estratégia engloba a tentativa de maximizar ganhos por uma série de escolhas numa situação concreta (Barth, 1981g:105-118). Percebe-se que da parte de José da Silva Pontes o recurso acionado foi a rede de relações na qual se inseria, visualizada pela persuasão do governador junto aos vereadores para que indicassem na lista tríplice pela qual se realizavam as eleições para postos nas ordenanças, o nome de José da Silva Pontes (filho) em primeiro lugar, a fim de garantir que ele adquirisse a mercê em jogo. Já João da Silva Tavares lançou mão de recursos que, como visto ao longo do trabalho, eram poderosos definidores e atestadores da "qualidade" social desses oficiais, quais sejam, a experiência militar, o exercício de cargos e a riqueza.

Esse intrincado pleito terminou com a não anulação da eleição para capitão-mor, ficando, portanto, José da Silva Pontes nomeado para o posto. Pelo exemplo citado, podemos constatar que era uma questão de *status* que estava na base da queixa apresentada por João da Silva Tavares. Sendo pessoa de tanto prestígio e dispondo

---

[105] AHU/MG/cx.: 108; doc.: 45, grifos meus.

de bens, era um dos "principais" de Mariana, não sendo portanto admissível que se visse diminuído em sua "qualidade". Não por acaso, apesar de perder o posto de capitão-mor, acabou sendo eleito coronel do 1º Regimento de Cavalaria Auxiliar de Mariana em 1780, por falecimento de Antônio Gonçalves Torres, seu antigo titular, e desta vez não houve impedimento algum.[106]

Assim, e conforme nos alerta Barth, a ênfase dada à heterogeneidade social que em toda sociedade prevalece em termos de distribuição de recursos evidencia que cada indivíduo age em função de uma situação que lhe é própria e que depende dos recursos de que dispõe (Rosental, 1998:155-157).

Direitos, privilégios e obrigações apresentados aos oficiais de ordenanças

Se está claro que as pessoas exercem escolhas na vida social, a questão é como perceber quais são os incentivos e limites que estão influenciando as escolhas. Para Barth, a vida social é feita de diferenciais (incerteza, estratégias, *status*, posições e necessidades diferenciadas), cada um dos quais oferece uma possibilidade de mudança.

Nessa perspectiva, a sociedade se apresenta como algo caótico que, entretanto, funciona, sendo de suma importância para o entendimento da mesma perceber como os direitos e obrigações de cada um dos agentes são vivenciados e como seus recursos são distribuídos, pois é através desses elementos que o "caos" se integra. Portanto, os comportamentos individuais refletem o uso que os atores fazem da "margem de manobra" de que dispõem numa dada situação dentro de seu universo de possíveis (Rosental, 1998:159).

---

[106] AHU/MG/cx.: 116; doc.: 58.

Através dos recursos de que os oficiais lançaram mão para adquirir e atestar sua "qualidade" e poder, é possível perceber que as mercês cumpriam uma função social específica: a de sinal distintivo do *status*, como instrumento de dominação necessário à consolidação e manutenção do mando.

Portanto, os oficiais buscavam melhorar a posição detida no interior da configuração social em que se inseriam pela adoção de mecanismos e/ou utilização de recursos a fim de aumentar seu prestígio e autoridade. Pelos argumentos destacados em seus pedidos de mercês, pode-se dizer que esses indivíduos tinham certa autonomia e poder político para negociar e defender interesses ante o monarca. Como a mobilidade social era baseada na prestação de serviços, nas relações sociais e na capacidade de mediação entre a comunidade local e o mundo exterior, as estratégias utilizadas, e fundadas sobre esses fatores de ascensão, contribuíram para certa conformação da realidade política.

Já foi salientado que, no processo de interação, os oficiais adquiriam o instrumental necessário que lhes permitia sobreviver e adaptar-se ao mundo colonial em formação, e sabiam lançar mão dos recursos disponíveis nos momentos apropriados (Almeida, 2003:260). Afinal, ser capitão-mor, sargento-mor ou capitão era uma forma de identificação no mundo colonial que muitos indivíduos passaram a assumir instalados nas conquistas, e essa identificação definia seu lugar social na hierarquia do Antigo Regime que, além de lhes impor uma série de obrigações, garantia-lhes direitos que faziam questão de usufruir.

Os privilégios adquiridos com uma patente de ordenança eram vários, e sempre sublinhados nas cartas patentes que assim sobre eles discorriam: "Na ocupação do posto não vencerá soldo algum mas gozará de todas as honras, privilégios, liberdades e isenções e franquezas que em razão dele lhe pertencem". Através do regimento de 1570 podemos ter acesso a alguns desses privilégios dados aos oficiais.

Todo capitão-mor e capitão logram do privilégio de cavaleiro fidalgo; todo militar goza de nobreza pelo privilégio do foro, ainda que antes de o ser militar tenha sido mecânico, de qualquer qualidade, ou condição, por ela é dado a suas mulheres, filhas e descendentes do gênero feminino o título de dom. São também isentos dos encargos dos concelhos, não pagam jogados aos reguengos, não podem ser presos em ferros nem presos por dívida, logram privilégio de aposentadoria ativa e passiva.[107]

De todos os direitos que possuíam, o que lhes possibilitava meio de nobilitação era o mais valorizado, e sempre que alguma situação impedia que tal direito fosse exercido, os oficiais não se privavam de reivindicá-lo. O caso do já mencionado Antônio Ramos dos Reis denota exemplarmente o que estamos querendo dizer quando remete para o Conselho Ultramarino uma reclamação de que os privilégios cabíveis a seu posto não estavam sendo respeitados e validados. Natural do Porto, chegou ao Brasil com 9 anos de idade, com seus pais, Antônio Martins Ramos e Maria Gonçalves, e viveu no Rio de Janeiro antes de vir para as Minas. No Rio de Janeiro, casou-se com Vitória dos Reis e com ela teve três filhos. Ainda naquela cidade, iniciou sua carreira militar "servindo alguns anos em praça de soldado infante em um dos terços da Guarnição do Rio de Janeiro".[108] Em 1714, encontramos Antônio Ramos dos Reis em Minas, onde estabeleceu uma trajetória de sucesso ocupando vários postos militares

---

[107] Regimento das Ordenanças de 1570 (Costa, 1816:62).
[108] CPOP, 1º Ofício — Testamento de Antônio Ramos dos Reis. Livro nº 20, folha 74 (1761).

importantes, como o de capitão de auxiliares no distrito de São Bartolomeu, o de mestre de campo de Vila Rica, em 1732 e, em 1741, o de capitão-mor das ordenanças de Vila Rica. Mostrou-se:

> fiel a V. Mag. em todos estes serviços fazendo muitas de suas obrigações com despesas de sua fazenda, como na ocasião em que socorreu o Rio de Janeiro quando os franceses invadiram tal cidade com seus escravos armados e fazendo tal jornada à custa de sua fazenda. Como também na ocasião em que ajudou na contenção da revolta contra o ouvidor geral Manoel da Costa Amorim com seus escravos armados.[109]

Além da ocupação de importantes postos militares, Antônio Ramos dos Reis ocupou destacados cargos, como o de vereador e o de juiz de órfãos, ambos em Vila Rica, sendo também membro de respeitáveis irmandades de Vila Rica, do Rio de Janeiro e de Portugal.[110] Além de todos esses postos e cargos que lhe conferiam enorme prestígio e atestavam sua "qualidade", o oficial em causa, como visto anteriormente, foi um dos homens mais abastados das Minas Gerais, dado nada desprezível nessa sociedade para aqueles que quisessem reconhecimento público da distinta posição social que ocupavam. Antônio Ramos dos Reis era também cavaleiro professo da Ordem de Cristo,[111] o que consistia num poderoso mecanismo de distinção social que evocava dignidade e nobreza (Cunha, 2000:48-53).

Segundo Norbert Elias, numa sociedade permeada por valores e práticas de Antigo Regime, a forma como se era visto era imprescindível para a determinação de posição e distinção como

---

[109] AHU/MG/cx.: 39, doc.: 67.
[110] CPOP, 1º Ofício — Testamento de Antônio Ramos dos Reis. Livro nº 20, folha 74 (1761).
[111] AHU/MG/cx.: 31, doc.: 1.

elite,[112] e as festas barrocas eram excelente momento para se externalizarem posições de mando e prestígio. Emanuel Araújo destaca que as festas eram lugar de expressão de fidalguia, que ressaltava o brilho, o poder e a grandeza dos participantes, sendo legitimadoras do poder local porque introjetavam valores necessários à ordenação e ao domínio sobre a sociedade (Araújo, 1997, passim).

Assim, nessa sociedade marcada por símbolos, rituais e valores voltados para a distinção e nobiliarquia, o respeito às regras do cerimonial e a ocupação das posições de destaque eram fundamentais para o reconhecimento da "qualidade" e da autoridade.

Não por acaso, Antônio Ramos dos Reis reclamou que suas honras e o lugar que deveria ocupar na festa realizada em Vila Rica para comemorar o nascimento da infanta não foram respeitados. Argumentou ele:

> Na referida festa se deu ao suplicante acento com impropriedade faltando-se a ele a honra devida e que por ocupar o posto de capitão-mor lhe eram competentes todas as honras e privilégios, liberdades e isenções concedidos às pessoas que ocupam tais postos em qualquer parte do reino.[113]

Para tentar evidenciar que tal privilégio era quase um "direito adquirido", o dito oficial citou um caso semelhante ao seu que ocorreu na Bahia, em 1716, "ao se negarem as honras ao mestre de campo Miguel Pereira da Costa onde se resolveu que se restituíssem ao dito mestre de campo seu lugar de direito".[114]

Do acima exposto depreende-se que, em uma sociedade de Antigo Regime, para que os oficiais conseguissem manter sua "qualida-

---

[112] Ver Elias (2001, cap. 3).
[113] AHU/MG/cx.: 41, doc.: 10.
[114] Ibid.

de", fazia-se necessário estar em constante movimentação nas teias sociais que permeavam seu cotidiano. Por se tratar de um contexto marcado por tensão permanente, a estagnação podia ser fatal para aqueles que almejassem ascender socialmente.[115] Por estagnação entendemos o não aproveitamento dos recursos de que o oficialato dispunha na sociedade para adquirir mais prestígio e aumentar suas posições de comando, recursos esses que surgiam das próprias relações sociais que eles mantinham e que, em última instância, denotavam autonomia e autoridade política por parte desses indivíduos.

Muitas também eram as obrigações a que esse oficialato estava sujeito. Talvez uma das mais elementares fosse a de ter de morar no distrito onde atuava. Em todas as cartas patentes vinha assim estipulado "São obrigados a residir sempre dentro do distrito da dita sua companhia, sob pena de se lhes dar baixa e prover outra pessoa no referido posto". O regimento das ordenanças de 1570 também dissertava acerca desse assunto argumentando que "se o capitão-mor se ausentar até 2 meses no verão e 6 meses no inverno o sargento-mor lhe substitui, se sua ausência passar disso deve-se eleger outro capitão-mor".[116] De fato, encontramos alguns casos em que a perda de um posto resultou da mudança para outras localidades. Antônio Luís Brandão, por exemplo, ganhou a patente de capitão de ordenança de pé no arraial da passagem em 1741 em razão da "*ausência que fez para o Rio de Janeiro o capitão dela* Antônio Álvares da Cruz, estabelecendo nesta cidade sua casa, como me constou por informação do capitão mor desta vila".[117] A importância da residência é atestada por Fernando Dores Costa, para quem "a cadeia de autoridade definida na companhia rege-se pelo critério da residência. O 'espírito' que parece guiar o regimento é o de garantir a presença dos dirigentes

---

[115] Ver Elias (2001, cap. 3, 4, 5 e 6).
[116] Regimento das Ordenanças de 1570 (Costa, 1816:9)
[117] AHU/MG/cx.: 41, doc.: 35, grifos meus.

do treino obrigatório nos locais onde se organizam as companhias" (Costa, 2003a:73).

Outra obrigação dos oficiais de ordenanças, sobretudo dos capitães-mores, bem como dos sargentos-mores, era organizar os alardos ou "mostras gerais", ou seja, impor o treino militar, os quais deveriam se realizar duas vezes por ano, mas sem uma regularidade definida. Após a convocatória, as companhias de cada localidade deveriam reunir-se no local determinado, geralmente na praça pública em frente à câmara, para serem inspecionadas e se efetuarem os exercícios. Durante os alardos, os oficiais examinavam as armas dos soldados para verificar se estas se encontravam em condições de uso (Rodrigues, 2003:249).

Cabia ainda aos oficiais, em caso de ataque inimigo, organizar a defesa e zelar pela conservação e reparo das estruturas defensivas. Durante todo o século XVIII, foi constante a atuação de oficiais de ordenanças em contenção de revoltas, ataque a quilombos, vigilância de caminhos e defesa de fronteiras.

A fragilidade da estrutura burocrática da Coroa determinava que, para o desempenho de certas funções administrativas, também se recorresse à colaboração dos oficiais de ordenanças, o que acabou se tornando quase uma "obrigação" para esses indivíduos, até porque sem tais prestações de serviços não conseguiam sua ascensão e atestação de sua "qualidade". Eleitos entre os "principais da terra", eles eram muitas vezes chamados a desempenhar funções que, em princípio, caberiam às extensões periféricas do poder central, realidade presente não só no ultramar mas também no reino (Rodrigues, 2003:252). Entre as atividades administrativas sob responsabilidade dos oficiais de ordenanças no período abordado estavam a construção de obras públicas e a coleta de alguns tributos, como a capitação e o quinto, atuações com as quais também contribuíam para a manutenção da ordem pública (Figueiredo, 1999).

Por exemplo, em 1748, Manuel Cardoso Cruz e Manuel Teixeira Chaves, capitães de ordenanças de Mariana, enviaram um requerimento ao rei d. João V solicitando que se ajustasse a melhor forma de evitar as inundações da cidade, causadas pelas cheias do ribeirão do Carmo. Argumentavam que

> desejam evitar os danos que se encaminha para a cidade e a ruína dos seus habitantes e que querem fazer uma obra para evitar as ditas cheias, mas que tal obra é impossível não só as rendas do senado da vila, mas ainda as posses de todos os moradores da vizinhança dela.[118]

Reconheciam que tal obra era de utilidade ao "bem comum" e à Coroa, e se ofereceram para fazer a dita obra "movidos não só de utilidade própria, mas do bem comum e pelo desejo que como leais vassalos têm de servir a S. Mag". Entretanto, colocaram algumas condições:

> Pedem uma pequena despesa anual do senado da mesma cidade, os foros que se paga ao senado das terras que se tem aforado e aforarem de casas feitas que rendem 600 mil por ano [...] e pedem também as terras por onde passa o dito rio das quais já se tirou já o ouro e que alguns proprietários os ajudem com certo número de escravos correspondentes as terras que tiverem, e pedem também que os escravos, assim como pardos, pretos, forros que por crimes merecerem degredos lhes sejam dados para trabalharem na dita obra.[119]

Do acima exposto pode-se dizer que os oficiais participavam, de certa forma, do controle da vida política e econômica das localida-

---

[118] AHU/MG/cx.: 51, doc.: 45.
[119] Ibid.

des, exerciam um relativo poder sobre as populações e revelavam-se essenciais a um aparelho estatal em construção, um recurso de que a Coroa lançou mão em Portugal, depois da Guerra da Restauração, e que foi repassado para a América (Rodrigues, 2003:252).

O que emerge do quadro esboçado até agora é a constituição de um corpo de oficiais de alta patente que tem sua autoridade fundada na antiguidade (através da permanência nos postos), no desempenho de variadas funções (através do exercício de cargos políticos) e na riqueza, elementos que multiplicavam, num círculo virtuoso, o poder desses indivíduos. Disso depreende-se que o funcionamento da organização bélica, pelo menos no que diz respeito às ordenanças na região e no período enfocados, estava estritamente ligado às medidas régias que, por meio do sistema de mercês, coadunava as ações e relações dos coloniais, no caso dos oficiais, para o ordenamento do espaço social que pretendia dominar. Obviamente que nem sempre os desígnios régios para ordenamento do espaço social iam ao encontro dos interesses dos indivíduos ou grupos que os colocavam em prática, e que justamente por se constituírem de homens possuidores de autoridade dos quais a Coroa não podia prescindir, podiam negociar com a mesma a defesa de interesses. Tal aspecto foi muito bem demonstrado por Christiane Pagano de Mello ao analisar um pedido de recrutamento feito pelo governador de Minas, Luís Diogo Lobo da Silva, em 1766, aos comandantes das tropas de auxiliares e de ordenanças para reunirem contingente para marchar à guerra no sul do Brasil. Ao solicitar que os escravos da capitania também fossem convocados como soldados, as determinações régias encontraram forte resistência das elites, inclusive dos comandantes militares, pois tocava em um dos pilares daquela sociedade e no patrimônio desses indivíduos. As resistências encontradas levaram o governador a prescrever novas determinações com "tom mais prudente", negociando com os grupos de poder local de forma a conseguir a cooperação militar de que necessitava (Mello,

2004:71-84). O episódio denota que, para a viabilização das diretrizes militares no território colonial, era essencial o apoio desses grupos e que, em certos momentos, as ordens emanadas da metrópole tiveram de sofrer alterações e adaptações às possibilidades e às realidades locais encontradas pelos seus representantes ultramarinos (Mello, 2002:10-11). Portanto, no campo de atuação dos oficiais militares, sua conduta ora convergia para a realização dos desígnios régios, ora obedecia a uma rede relacional mais complexa em que pesavam interesses particulares (Wehling e Wehling, 2000:139-142).[120]

Práticas de reprodução social: as alianças matrimoniais, o destino dos filhos e as negociações com os escravos

Além das mercês e da riqueza, outros foram os mecanismos de ascensão social e manutenção da "qualidade" e do poder de mando dos oficiais analisados.

A historiografia tem destacado inúmeras práticas dos grupos que faziam parte da elite colonial para sua estruturação, sobrevivência e ampliação de poder. Entre essas práticas têm-se ressaltado as redes tecidas intraelites, visualizadas em práticas parentais entre suas famílias, constituição de alianças com frações das elites regionais da América lusa e com autoridades metropolitanas — inclusive com as de Lisboa —, casamento com negociantes etc. (Fragoso, 2002:47). Além disso, não se podem desconsiderar, conforme destaca João Fragoso, as ligações que se deveriam estabelecer com os chamados grupos subalternos (lavradores, indígenas, negros etc.) para construção da hegemonia social das elites, já que seu poder de mando deveria ser consentido também por tais segmentos sociais (Fragoso, 2002:46-47).

---

[120] Ver também Schwartz (1979:58-63).

Assim, destacaremos nesta parte do trabalho a realização de algumas dessas práticas pelos oficiais de ordenanças, de forma a complementar a análise da aquisição e manutenção da "qualidade" e prerrogativas de mando por parte desses indivíduos. Assim, optamos por analisar suas relações matrimoniais, suas estratégias familiares no que concerne ao destino de seus filhos, bem como suas ligações com os escravos.

Há muito se sabe que o matrimônio possibilitava às elites um melhor posicionamento na sociedade em que se inseriam, visto que abria a possibilidade de aquisição de dividendos políticos e econômicos, sendo, portanto, elementar para a sobrevivência e ampliação de seu poder pessoal no território colonial (Fragoso, 2002:46-47). As estratégias familiares também podem ser entendidas nesse sentido, sobretudo aquelas que se referem ao destino dos filhos dessa elite.

As fontes mais indicadas para conhecermos as alianças de casamento e também as estratégias familiares dos oficiais são os processos matrimoniais, os inventários *post-mortem* e os testamentos. Analisaremos alguns casos emblemáticos em termos de possibilidades existentes para o estabelecimento das estratégias familiares e matrimoniais e do tipo de ganhos que elas podiam trazer para os oficiais analisados. Ressalte-se que a reconstituição desses arranjos deve ser relacionada com o poder econômico e político dos indivíduos em interação, pois só assim ficarão claras as razões que faziam do matrimônio e das estratégias familiares um mecanismo de ação dos oficiais para atestarem sua "qualidade" (Mathias, 2005:73).

A este respeito vale ressaltar o caso do capitão-mor José Álvares Maciel, que era natural de Vila Viana, comarca do Minho, morador de Vila Rica, e constituía-se num importante e influente nome da capitania. Homem rico,[121] exercia a função de administrador do con-

---

[121] Acerca da noção de homem rico ver Almeida (2001).

trato das entradas de Minas, sendo sócio e credor de outros personagens poderosos da região, tais como o contratador João de Sousa Lisboa e o coronel João Lobo Leite Pereira.[122] Era cavaleiro professo da Ordem de Cristo e foi vereador na câmara de Vila Rica, o que o colocava no patamar de "homem bom".[123] Em 1755, então com 34 anos, abriu processo para contrair matrimônio com Juliana Francisca de Oliveira Leite, à época com 22 anos.[124] A noiva era filha de Maximiliano de Oliveira Leite, um dos primeiros povoadores das Minas e um dos nomes mais importantes da capitania. Entre outros feitos, foi coronel e guarda-mor das Minas. Era também cavaleiro professo da Ordem de Cristo, bem como nomeado fidalgo da Casa Real. Maximiliano de Oliveira Leite era filho de Francisco Paes de Oliveira Horta, falecido em 1701 em Santana de Parnaíba, com sua esposa, Mariana Paes Leme, irmã de Garcia Rodrigues Paes e filha do governador das esmeraldas, Fernão Dias Paes. Ou seja, pela descendência matrilinear, Maximiliano era neto do famoso bandeirante e sobrinho de Garcia Rodrigues Paes (Mathias, 2005:76). Observa-se que Maximiliano de Oliveira Leite pertencia àquilo que se denominou "melhores famílias da terra", ou seja, famílias que conseguiram acumular consideráveis cabedais e prestígio social, quer através da atividade de conquista, quer através da ocupação de cargos da governança, quer através de atividades comerciais ou, ainda com mais frequência, da soma de todas essas atividades (Mathias, 2005).

As vantagens que o capitão-mor José Álvares Maciel adquiriu com esse casamento — aliás, não só ele, mas também a família de sua noiva — foram imensas. Partindo-se do princípio de que à época o matrimônio não era motivado por laços afetivos, mas por es-

---

[122] Ver AHU/MG/cx.: 59, doc.: 35.
[123] Ver AHU/MG/cx.: 91, doc.: 83.
[124] AEAM — Processo matrimonial de José Álvares Maciel e Juliana Francisca de Oliveira Leite. Armário 4, pasta 464, doc.: 4638 (1755).

tratégias sociais, políticas e econômicas (Gouvêa, Frazão e Santos, 2004:106), pode-se dizer que o matrimônio de José Álvares Maciel com Juliana Francisca de Oliveira Leite foi resultado dessas estratégias de poder dadas pela sociedade estamental. Casando-se entre si, tais indivíduos garantiam não somente a permanência de suas fortunas no seio da própria família, mas também reafirmavam a hierarquia e a desigualdade estamental da sociedade colonial, pois esses casamentos demonstravam a diferença existente entre a minoria pertencente às "melhores famílias da terra" e a grande maioria, que não preenchia os requisitos necessários para fazer parte desse seleto grupo (Mathias, 2005:76-77).

Outro caso que merece destaque é o do capitão Luís Lobo Leite Pereira, natural da freguesia de Antônio Dias e morador de Vila Rica. Era filho do coronel João Lobo Leite Pereira, um dos homens mais distintos da região das Minas. Fidalgo da Casa Real, foi nomeado pelo conde de Sarzedas, d. Rodrigo da Silveira, por ordem do rei d. Pedro, membro da guarda pessoal do rei para acompanhá-lo na campanha da Beira, além de possuir sucessão de legítima baronia.[125] Era considerado um dos homens mais ricos de Vila Rica, sendo possuidor de um morgado na Vila de Santarém, Portugal, de onde era natural.[126] Em sua rede de relações pessoais estava ninguém menos que d. Lourenço de Almeida, padrinho de batismo de seu filho Luís Lobo Leite Pereira.[127] Este, por ser o primogênito, ficou responsável pela administração do morgado da família quando seu pai faleceu. Em 1776 Luís Lobo, então com 46 anos, abriu processo para contrair matrimônio com Maria Josefa de Ávila, à época com 23 anos.[128] A

---

[125] AHU/MG/cx.: 36, doc.: 4.
[126] Ibid.
[127] AEAM — Processo matrimonial de Luís Lobo Leite Pereira e Maria Josefa de Ávila. Armário 05, pasta 597, doc.: 5968 (1776).
[128] Ibid.

diferença de idade entre os cônjuges era razoável, o que reforça a ideia de uma estratégia matrimonial, bem como a interferência dos pais na escolha do cônjuge, com intuito de preservar e/ou ampliar o prestígio da família na região. Tal argumento é reforçado também pelo fato de os cônjuges serem parentes consanguíneos de terceiro grau. O casamento entre membros de uma mesma família era aceito comumente entre a elite colonial, sobretudo em casos nos quais se pretendia frisar um sentimento de superioridade (Fragoso, 2001:53). Se o casamento podia ser visto como um investimento social e político, com o qual se estabeleciam relações que auxiliavam na consolidação do poder e atestação da "qualidade", podia também ser visto como um investimento econômico, visto que disponibilizava recursos materiais que aumentavam o cabedal das partes (Cunha, 2000:454-459). Levando-se em conta que Luís Lobo administrava um morgado, que pelas leis de primogenitude não podia ser dividido de forma igualitária entre os demais herdeiros, e que Maria Josefa era herdeira de uma considerável fortuna,[129] pode-se supor que tal casamento favoreceu a acumulação econômica das partes. Em última instância isso também favorecia a posição social da nova família na hierarquia, já que o cabedal, nessa sociedade, atuava no sentido de manter a "qualidade" do indivíduo e, em consequência, sua capacidade de mando (Fragoso, 2001:53).

Os exemplos citados nos permitem assinalar que na sociedade em análise as relações matrimoniais foram importante recurso na realização dos propósitos de busca de prestígio e demonstração de diferença em relação aos demais, fator essencial para garantir a distinção, pois forneciam algum tipo de "ganho", material ou não. Tais exemplos, portanto, corroboram a afirmação de Barth, que salien-

---

[129] Seu pai, além de alferes de cavalaria auxiliar de Congonhas do Campo, se dedicava à atividade de roceiro. Possuía muitas terras, onde cultivava alimentos como o "milho e mais legumes próprios do paiz". Posteriormente passou a se dedicar à cultura da cana, estabelecendo um engenho em sua propriedade. Ver AHU/MG/cx.: 140, doc.: 44.

ta que a realidade resulta do comportamento individual dos atores, que dão forma aos seus atos de acordo com a maneira como usam as oportunidades oferecidas, sendo que a descrição de uma organização social deve representar as relações fundamentais que conectam as pessoas em sociedade (Barth, 1981e:14-31).

Além do matrimônio, outro tipo de estratégia auxiliou na aquisição de posições sociais privilegiadas e atestação do poder dos oficiais de ordenanças aqui analisados: os arranjos familiares concernentes ao destino de seus filhos. O rumo que os filhos tomavam podia também dar projeção no meio social. Cada nova geração deveria percorrer caminhos que aumentassem ou mantivessem a "qualidade" da família, e não o contrário (Silva, 2005:321). Vale ressaltar que o rumo que um determinado indivíduo tomava poderia classificá-lo ou desclassificá-lo, assim como a toda sua parentela, aos olhos dos seus iguais e dos seus desiguais, contribuindo, dessa forma, para a reprodução dos sistemas de dominação (Mello, 2000:13).

Os exemplos ilustrativos disponíveis mostram que foram preferencialmente três as opções adotadas pelos oficiais para o encaminhamento de seus filhos, a saber, o universo militar, o religioso e a magistratura.

Quadro 13

Destino dos filhos dos oficiais de ordenanças da comarca de Vila Rica (para os quais temos informações)

Carreira	Nº	%
Eclesiástica	10	33,33
Militar	9	30
Magistratura	8	26,67
Medicina	3	10
Total	30	100

Fonte: Identificação dos alunos mineiros na Universidade de Coimbra e filiação dos estudantes (1700-1800) (Valadares, 2004:496-502).

Ter um filho militar era de fato muito prestigioso. Tal como os bacharéis e os eclesiásticos, que veremos mais à frente, os indivíduos que ingressavam na carreira militar não como simples soldados mas como oficiais tinham de apresentar provas de sua *nobreza, cristandade e desinteresse*. Dessa forma, provava-se o valor não só do requerente à patente, mas também de sua família, já que se investigava, além da trajetória, do prestígio e da distinção do requerente, a de sua parentela. O capitão-mor João de São Boaventura Vieira, por exemplo, era casado com Teresa Maria de Jesus e com ela teve nove filhos, sendo quatro mulheres e cinco homens. Três de suas filhas se tornaram religiosas na cidade de Beja e um de seus filhos se tornou religioso na Companhia de Jesus, o que, por si só, atestava o grande respaldo dessa família.[130] Um de seus outros filhos, João Batista Vieira Godinho, optou por seguir carreira militar, chegando a ocupar dois dos mais altos postos da hierarquia militar: o de marechal de campo e o de brigadeiro.[131] Tais postos, além de já propiciarem distintos tratamentos e honras desde sua criação, por decreto de 13 de maio de 1789, passaram também a proporcionar instantaneamente ao seu possuidor o foro de fidalgo da Casa Real (Silva, 2005:238). Assim, ao ingressar na carreira militar, João Batista Vieira Godinho elevava ainda mais a posição social de sua família, atestando sua "qualidade".

Ter um filho eclesiástico também era um fator que atestava o prestígio social da família e uma forma de "aristocratização", pois provava a limpeza de sangue. Conforme destacaram Fernanda Olival e Nuno Gonçalo Monteiro, ter um filho eclesiástico resultava, sobretudo, em ganhos simbólicos, pois os próprios mecanismos de habilitação dos candidatos à ordenação, quais sejam, a legitimidade do nascimento, a qualidade dos ascendentes e a limpeza de sangue, constituíam-se

---

[130] Ver CSM, 1º Ofício — Inventário *post-mortem* de João de São Boaventura Vieira. Códice 13, auto 1429 (1757).
[131] AHU/MG/cx.: 186, doc.: 14. Ver também cx.: 174, doc.: 32.

em importantes elementos de distinção social (Olival e Monteiro, 2003:1220). Além disso, dar a um filho esse destino podia ser uma estratégia para se reduzirem potenciais herdeiros e não se desmembrar o patrimônio da família (Olival e Monteiro, 2003:1226-1231). Vale destacar o exemplo do capitão Manuel Rodrigues Passos, natural da freguesia de São Miguel de Alcântara, termo de Braga, que chegou às Minas no início do século XVIII sendo um de seus primeiros povoadores. Estabeleceu-se no arraial de Antônio Pereira e, como muitos portugueses que para essa parte da América vieram, procurou se destacar como uma das pessoas mais capazes da capitania.[132] Tornou-se homem de posses, possuidor de lavras de minerar ouro e de um plantel de escravos composto por 30 cabeças. Possuía ainda algumas roças, uma fazenda e uma morada de casas, tudo no arraial onde morava. Manuel Rodrigues Passos casou-se com Joana Maciel da Costa, natural do Rio de Janeiro, e com ela teve quatro filhos, sendo uma mulher, casada, e três homens, todos eclesiásticos.[133] Dois dos filhos de Manuel permaneceram em Lisboa como religiosos[134] e um, depois de sua formação religiosa, também em Lisboa, se transferiu para Mariana, tornando-se vigário encomendado da freguesia de Nossa Senhora de Monserrate de Baependi, bispado de Mariana.[135] Como mencionado, ter filhos religiosos significava menor distribuição da riqueza e, consequentemente, maior conservação do patrimônio familiar. De fato, na partilha dos bens do referido oficial, dois de seus filhos eclesiásticos não entraram na divisão, ficando a maior parte da administração dos bens do defunto nas mãos do marido de sua única

---

[132] Ver CSM, 1º Ofício — Inventário *post-mortem* de Manuel Rodrigues Passos. Códice 45, auto 1744 (1744).
[133] Ibid.
[134] Ibid. Ver testamento de Manuel Rodrigues Passos anexo ao seu inventário.
[135] AHU/MG/cx.: 104, doc.: 15.

filha, o capitão Antônio Fernandes de Sousa.[136] Este, além de genro de Manuel Rodrigues Passos, era também seu primo e herdou, de certa forma, a posição e o *status* social de seu sogro e primo. Não por acaso foi ele quem "substituiu" o dito no posto de capitão de ordenanças de Antônio Pereira, um ano depois de sua morte em 1744.[137]

A magistratura, como destacou Maria Beatriz Nizza da Silva, era também uma carreira muito procurada pelos coloniais. Aqueles que optassem por tal caminho geralmente ingressavam nos cursos de leis ou de cânones da Universidade de Coimbra (Silva, 2005:234). Entretanto, nem todos exerceram a carreira propriamente dita, pois era reduzido o número de lugares de letras no Brasil. Assim, muitos se dedicaram a outras atividades, que, evidentemente, tinham de se coadunar com a "nobreza" que o grau acadêmico lhes conferia, tais como cargos relacionados à fazenda real, na qual seus saberes jurídicos eram considerados de grande utilidade (Silva, 2005:232). O saber então adquiria, na sociedade, considerável importância, visto que um título acadêmico podia (re)afirmar a "qualidade" da família, além de possibilitar acúmulo de riqueza, pois, como visto, a ocupação de cargos na magistratura e na fazenda proporcionavam um rendimento substancial (Silva, 2005:321). Para exemplificar, destaco o caso do sargento-mor João Antônio Rodrigues. Natural do reino e morador da freguesia de São Caetano, era casado com Maria Gonçalves Moreira, com a qual teve nove filhos, sendo cinco mulheres e quatro homens.[138] Entre esses, o primogênito, João Rodrigues Moreira, se tornou capitão de cavalaria de ordenanças de São Caetano, bem como vereador, o que o colocava na órbita dos "homens bons" da localidade.[139] Dois de seus outros

---

[136] CSM, 1º Ofício — Inventário *post-mortem* de Manuel Rodrigues Passos. Códice 45, auto 1744 (1744).
[137] AHU/MG/cx.: 45, doc.: 11.
[138] CSM, 1º Ofício — Inventário *post-mortem* de João Antônio Rodrigues. Códice 133, auto 2774 (1732).
[139] Ver AHU/MG/cx.: 41, doc.: 101.

filhos se tornaram religiosos e o outro seguiu carreira na magistratura.[140] Este último, que nos interessa mais de perto, se chamava Gaspar Gonçalves dos Reis e se formou como doutor bacharel em cânones na Universidade de Coimbra. Resolveu seguir carreira e concorrer aos lugares de letras, tornando-se desembargador e juiz de fora, cargos relevantes na magistratura.[141] Na verdade, a opção de Gaspar Gonçalves dos Reis pela carreira na magistratura fechava o desenho daquilo que Nuno Gonçalo Monteiro e Fernanda Olival denominaram "família perfeita", isto é, aquela que tinha um filho militar, um eclesiástico e um magistrado. Os três formavam uma unidade em que podiam manter-se reciprocamente e conservar as riquezas e o esplendor da parentela (Olival e Monteiro, 2003:1226).

Além das ligações matrimoniais e das estratégias familiares, os oficiais necessitavam de outros tipos de ligações para garantir a reprodução do grupo, a saber, a capacidade de estabelecer reciprocidades com os chamados grupos subalternos. Tal fenômeno se constituía num momento essencial para a construção da legitimidade social do grupo, um mecanismo que viabilizava sua autoridade. Como já mencionado, para exercerem sua autoridade os oficiais necessitavam do "consentimento" da sociedade, e nesse aspecto as negociações com estratos subalternos — além daquelas com a elite — assumiam papel fundamental (Fragoso, 2001:58-60).

Um ponto ainda pouco estudado na construção da hegemonia da elite colonial são certamente as relações que ela estabelecia com os escravos.

Armar escravos não era algo excepcional em sociedades escravistas, sendo tal prática comum a diferentes épocas e lugares, remontando inclusive à escravidão antiga. Citando o uso de escravos ar-

---

[140] CSM, 1º Ofício — Inventário *post-mortem* de João Antônio Rodrigues. Códice 133, auto 2774 (1732).
[141] AHU/MG/cx.: 108, doc.: 53.

mados pelos imperadores romanos do primeiro século da era cristã, David Brion Davis destaca:

> Como nesse período a disputa de poder estava no auge e a segurança dessas elites [romanas] se tornou algo complicado, a utilização de escravos armados como "guarda-costas" pessoais — sobretudo os escravos de regiões distantes separados de suas famílias e clãs — se tornou matéria comum [Davis, 2006:4].

O mesmo fenômeno foi encontrado na África moderna, na região de Moçambique, estudada por Allen Isaacman e Derek Peterson (2006:95-119), bem como por José Capela (1995). Este último, analisando a sociedade dominical do Zambeze entre os séculos XVII e XIX, através da sua instituição-chave, o prazo, dedicou um capítulo para analisar o grupo dos chicunda. Segundo Capela, os portugueses que colonizaram a região foram atraídos pelas perspectivas do ouro e, ao longo dos séculos XVI e seguintes, foram-se fixando a partir do mar para o interior, senhoreando terras e pessoas, utilizando, para isso, todos os meios disponíveis, desde a negociação até a conquista por meios bélicos. Estavam a implantar um sistema dominial. As terras doadas e senhoreadas eram conhecidas como prazos da Coroa. A doação tinha por objetivo o povoamento da região, ou seja, a ocupação das terras por europeus de origem e de ascendência. Portanto, mais do que ao cultivo, as terras destinavam-se ao acantonamento dos escravos e dos colonos. Desse modo, os senhores dos prazos não tinham como fonte principal de rendimento o cultivo da terra, mas sim o comércio, o garimpo ou a mineração do ouro e os transportes no Zambeze. Os prazos possuíam numerosos escravos que se empregavam em diversas atividades, entre as quais tomava particular importância o comércio pelo interior (os escravos ligados a essa atividade eram chamados de muçambazes) e a caça aos elefantes. Os escravos que se dedicavam a esta última atividade eram denominados chicunda, designação também utilizada para os escravos armados que, em geral, faziam o policiamento do prazo, cobravam os impostos e formavam os exércitos privados dos senhores de prazos. Eles comporiam, assim, um corpo de elite de escravos utilizado pelos portugueses que se apresentava ao serviço militar sempre que chamado (Capela, 1995:196-209).[142]

Allen Isaacman e Derek Peterson também estudaram os chicunda entre os anos de 1750 e 1900, destacando que os portugueses se empenharam em criar uma tradicional classe de escravos africanos que viam a si mesmos como ferozes conquistadores. De acordo com os autores, esses escravos eram separados de suas famílias e tribo desde o nascimento, e criados por outros grupos como *outsiders*. Foram utilizados não somente em combates e nas investidas para coletar escravos e mandá-los em navios negreiros para o Brasil, mas também como policiais e inspetores, e como experientes caçadores de elefantes que poderiam ajudar na demanda do Novo Mundo por marfim. Mas, a despeito de seu poder e bravura, os chicunda ainda eram escravos que viviam e obedeciam ordens num mundo altamente regimentado (Isaacman e Peterson, 2006:95-119).

No Novo Mundo, o fenômeno também se fazia presente. Para a América inglesa, Ira Berlim analisou o armamento de escravos e a montagem de milícias negras desde o início de sua colonização. Na Flórida, por exemplo, o autor destaca que escravos fugitivos foram incorporados às milícias negras para lutar ao lado dos espanhóis na guerra de Yamasse para defender St. Augustine (cidade no litoral norte da Flórida, fundada pelos espanhóis em 1565) contra um ata-

---

[142] Ver também Capela (2005:73-75).

que inglês, com promessas de prêmios e recompensas — tais como a liberdade — da Coroa espanhola (Berlin, 2006:59-60).

Para a América espanhola, Jane Landers destacou que na Espanha colonial há vários exemplos de uso de escravos armados nas campanhas militares contra as populações indígenas, nas quais se formavam grandes tropas cujo número, muitas vezes, ultrapassava 100 integrantes. Mas se tais tropas foram em muitos momentos fundamentais para a Coroa espanhola em seus propósitos colonizadores, Landers não deixa de ressaltar também as preocupações que giravam em torno do risco de se armar tão grande número de escravos, pois controlar essas numerosas tropas não era tarefa fácil (Landers, 2006:121).

Para a América portuguesa, a historiografia brasileira está repleta de exemplos de uso de escravos em milícias públicas e privadas. Analisando o auxílio prestado pelas elites de Pernambuco na guerra para restauração pernambucana contra os holandeses, Evaldo Cabral de Mello ressalta que, nesse conflito, tal atuação era feita com suas vidas, cabedais e escravos armados.[143]

João Fragoso, em vários dos seus trabalhos em que analisa as "melhores famílias da terra" no Rio de Janeiro seiscentista, destaca que nos serviços prestados por elas à Coroa portuguesa na conquista desse território, visando às mercês régias, não raro utilizavam escravos e índios flecheiros como braço armado.[144]

Estudando a capitania de Minas Gerais no século XVIII, Hendrik Kraay observou que o fato de os senhores armarem seus próprios escravos tornou-se rotina nas fronteiras durante o período do *boom* da mineração. Isso acontecia, segundo o autor, tanto para a proteção dos senhores, quanto em momentos nos quais os mesmos cometiam desmandos e violências, praticando crimes com a ajuda desses es-

---

[143] Cf. Mello (1997, cap. 3).
[144] A título de exemplos, cf. Fragoso (2003, 2002, 2010).

cravos armados, sendo tais ações uma extensão dos serviços que os escravos deviam prestar a seus donos (Kraay, 2006:147).

No contexto da descoberta de Minas Gerais, tempos confusos e conturbados, a prática de se usar escravos armados constituiu-se, portanto, em algo fundamental para membros da elite local preocupados em construir e manter seu poder e autoridade. Os indivíduos que decidiram se embrenhar por matas fechadas, por trilhas indígenas pouco conhecidas, por regiões não exploradas, tudo em nome do metal dourado, das pedras preciosas e do enriquecimento imediato, sabiam da necessidade de se valer desse recurso para serem bem-sucedidos em suas empreitadas. Tal fato levou à conquista do sertão, que mais tarde chamou-se Minas Gerais, a se realizar em meio a um cenário marcado por violência, conflitos entre interesses opostos e estreita relação entre autoridade e poder (Paiva, 2006:113-114).

Homens em busca de poder, em meio a esse cenário violento, se vigiavam e se atacavam mutuamente ajudados por tropas de escravos armados até os dentes, todos preocupados em manter seu poder e autoridade. Como a preocupação em definir os espaços de mando era constante entre aqueles que buscavam se constituir como elite e motivo de tensões permanentes, a existência de bandos armados brigando reciprocamente se tornou comum no cenário das Minas setecentistas.[145] Esses bandos resultavam dos embates entre as facções da elite e, portanto, referiam-se à teia de alianças que elas criavam entre si e com outros grupos sociais. Conforme destacou João Fragoso, através dessas alianças "as melhores famílias" adquiriam algo indispensável em suas disputas: a cumplicidade de outros estratos sociais. Mais do que isso, a composição dos bandos legitimava a própria hierarquia estamental. Em tais condições, as possibilidades nos centros

---

[145] Sobre esse assunto, ver Silveira (2001). Ver também Silva (1998), especialmente o cap. 3.

de poder eram ampliadas. Com isso, garantiam-se ações econômicas, políticas, bélicas e sociais. Esses bandos estavam preocupados, antes de qualquer coisa, em garantir sua hegemonia política sobre a sociedade colonial, o que acabava por aguçar lutas entre grupos rivais (Fragoso, 2003:109). Com tais ações objetivava-se delimitar o "território" de domínio de cada um e, com isso, garantir o prestígio, o poder local e a posse do mando (Fragoso, 2003:16).

De todo modo, como sugerido, acompanhados de seus negros armados, os oficiais de ordenanças atuaram sistematicamente em combate a levantes e conflitos, internos e externos, e povoamento de novos territórios, a fim de angariar mercês e reconhecimento social.[146] Ora, mais do que a participação dos colonos na conquista do território colonial, o que afirmações como essas devem escancarar é a importância dos negros para os seus senhores/oficiais. Além das patentes militares, da ocupação de postos na governança e demais cargos administrativos, a posse de numerosa escravaria ou de aliados de que pudesse dispor a serviço *d'El Rey* era também importante na definição de um indivíduo como poderoso e, logo, com prerrogativa de mando, desde que o senhor de tal escravaria estivesse em condição de armar esses indivíduos à sua custa, pudesse desviá-los de suas atividades principais para a realização de outras diligências e tivesse estabelecido com tais agentes uma via de reciprocidade (Fragoso, 2003, passim).

Em outros termos, se os "leais súditos" prestavam variados serviços ao rei à custa de seus negros armados, não é incorreto dizer que a

---

[146] Como já mencionado, essa realidade se fez presente em várias partes da América portuguesa. Para o Rio de Janeiro, Pernambuco, Olinda, São Paulo e Minas Gerais são inúmeros os relatos que apontam as constantes intromissões daqueles que se arrogavam o título de *principais da terra*, principalmente quando imbuídos de uma patente militar, na conquista, defesa e povoamento da colônia, o que, na maioria das vezes, era feito à custa de seu sangue, vida, fazenda e escravos. A esse respeito, ver Bicalho (2003, cap. 12); Fragoso (2003:11-35); Mello (1997, 2003); Nazzari (2001, partes 1 e 2).

"subordinação" desses negros não podia ser feita apenas via coerção, armas e castigos. Tal "subordinação" envolvia também negociações (Fragoso, 2001:58). O próprio conde de Assumar nos dá indícios de como a negociação estava presente nas relações senhor/escravo nas Minas. Em 1719, temendo atos sediciosos por parte da população negra da capitania, informava ao rei que se agravava o clima de tensão porque os negros tinham a seu favor "a sua multidão e a nécia confiança de seus senhores, que não só lhes fiavam todo gênero de armas, mas encobriam suas insolências e delitos".[147]

A exclusão social não era, portanto, sinônimo de tensão social crônica. Como vimos em vários relatos esboçados neste trabalho, foram frequentes os casos de oficiais que iam a confrontos acompanhados de seus escravos armados, o que nos informa sobre práticas de negociação. Portanto, além do genocídio e do cativeiro, não há de se estranhar a existência de reciprocidades entre esse grupo e cativos. Tais práticas talvez expliquem por que o capitão-mor de São Bartolomeu, Domingos da Rocha Ferreira, na ocasião da sublevação dos moradores da Vila do Carmo contra o desembargador Manoel da Costa de Amorim, antigo ouvidor da comarca, esteve "pronto em seu socorro não só com sua pessoa, mas *com negros armados* enquanto durou a dita inquietação".[148]

A possibilidade de os escravos de Domingos da Rocha Ferreira portarem armas implicava acordos estabelecidos entre eles e seu dono. Tudo indica que esse oficial não temia que alguns de seus cativos armados se revoltassem contra ele. Tais confrontos poderiam se tornar momentos propícios para subversão dos negros, principalmente se levarmos em conta que estavam armados, sendo este um bom índice para medir o "sucesso" das negociações entre eles. Por-

---

[147] "Sobre a sublevação que os negros intentaram a estas Minas". Carta do governador ao rei de Portugal, de 20 de abril de 1719 (apud Anastasia, 1998:127).
[148] AHU/MG/cx.: 31, doc.: 87, grifo meu.

tanto, o fato de os escravos lutarem ao lado de seus senhores indica a presença de reciprocidades entre tais grupos, inclusive com ganhos recíprocos, o que garantia a reprodução de uma determinada estratificação social (Fragoso, 2002:48-49).

Sem querer fazer generalizações, até porque a falta de dados não me permite, alguns elementos podem ilustrar a presença de negociações entre oficiais e escravos, entre eles a existência da alforria e coartação nas relações entre ambos. Entre os 34 inventários e 34 testamentos consultados, constatamos que foram 15 os oficiais que alforriaram ou deixaram escravos coartados. Mesmos os números sendo mínimos, é relevante destacar que alguns desses homens recorreram a tais práticas. Em 1774, o capitão Antônio Luís Brandão, morador do arraial da Passagem, deixava um testamento no qual alforriava o mulato João e permitia que "esse levasse toda sua roupa". Deixava ainda três negros coartados: José e Manuel, de nação congo, e Roque, de nação rebollo.[149] Do mesmo modo procedeu o capitão-mor Antônio Ramos dos Reis, possuidor de um plantel de mais de 120 escravos, segundo registro de seu testamento no qual informava que, ao falecer, ficaria forra a escrava Maria Appolonia, chamada Agilô, lhe deixando ainda escolher, entre todas as crioulas que ele tinha, uma para ser sua escrava, além de lhe deixar uma morada de casas em Ouro Preto. Deixava ainda alforriadas a escrava Sebastiana Ramos, preta de nação coura, e seus dois filhos pardos, a escrava Anna Ramos e seus dois filhos e o escravo Antônio Velho. Também deixava a cada um desses escravos uma morada de casas "para que possam morar em sua vida e seus ditos filhos".[150]

---

[149] CSM, 1º Ofício — Testamento de António Luís Brandão. Livro nº 47, folha 164 (1774).
[150] CPOP, 1º Ofício — Testamento de António Ramos dos Reis. Livro nº 20, folha 74 (1761).

Os exemplos citados nos mostram que as manumissões podem ser um valioso indicativo da existência de negociações e reciprocidades. As cartas de alforria têm sido consideradas em dois grupos: um no qual há um ônus econômico e outro em que isso não ocorre, o que não significa que algum tipo de compensação deixava de ser dada ao senhor.[151] Para a parcela de cativos que desejavam e conseguiam obter a liberdade por meio de pagamento, alguns autores têm destacado que, nesse aspecto, os escravos dependiam deles mesmos ou de parentes para obter a quantia necessária, o que torna a aquisição da liberdade uma conquista escrava. A perspectiva senhorial da doação é, então, substituída pela perspectiva dos submetidos, isto é, a alforria como resultado de um processo repleto de investimentos individuais e coletivos.[152] Assim, cabe sublinhar que as manumissões podem e devem ser vistas como um elemento decorrente de um longo processo de negociação entre senhor e escravos, construído a partir de uma bem estruturada rede de relações sociais entre esses agentes (Sampaio, 2005:317).

A formação de famílias nos plantéis desses oficiais também pode ser um indicativo de que entre eles e seus escravos se estabeleciam barganhas. Dos 34 inventários analisados, conseguimos visualizar a formação de famílias escravas em 15 deles. Por exemplo, o capitão José Caetano Rodrigues Horta, homem de muito prestígio, possuidor de

---

[151] Neste último caso, os bons serviços prestados e a dedicação dos escravos aos seus senhores, apesar de não serem motivo muito importante para emancipação, eram uma espécie de "pré-requisito" ou exigência mínima. Um elemento fundamental no processo de emancipação para este último caso eram os laços de afeição, amor, parentesco por afinidade ou consanguíneo. Nesse quesito entram os filhos ilegítimos; as concubinas; os afilhados dos senhores, senhoras ou parentes; as "crias" da casa, que na maioria das vezes resultavam em maternidade ou paternidade adotiva; os escravos que prestavam serviços especiais, como cuidar do senhor durante uma enfermidade; e os escravos que criaram o senhor ou seus filhos (Schwartz, 2001:196-197).
[152] Sobre isso, ver Paiva (1995, principalmente cap. 2). Ver também Florentino (2005b:331-366).

títulos como o de cavaleiro da Ordem de Cristo e escudeiro e cavaleiro fidalgo da Casa Real, era considerado um dos homens mais ricos da capitania.[153] Entre seus bens encontramos arrolado um plantel de escravos composto por 53 cabeças, em que não se observou um grande desequilíbrio entre os sexos. Dos escravos arrolados, 30 (56,6%) eram homens e 23 (43,4%), mulheres, o que facilitava a constituição de famílias. Entre estes, 69,81% (37 escravos) estavam unidos por relações de parentesco. Ao todo havia no plantel 14 famílias organizadas das mais variadas formas. Algumas eram compostas por pai, mãe e filhos, outras por mãe e filhos, outras por marido e mulher, havendo, inclusive, algumas famílias que tinham netos, o que denota estabilidade. Esse era o caso da família de Lucia, crioula, de idade de 50 anos que se dizia viúva. Lucia teve três filhos: Joanna, parda, de 24 anos, Joaquim Antônio, crioulo, de 23 anos, e Violante, crioula, de 22 anos. Esta por sua vez teve um filho chamado Felix, crioulo, que à época da morte de José Caetano estava com um ano e seis meses de vida. Portanto temos aqui uma família proveniente, possivelmente, de uma união estável de Lucia, já que os intervalos intergenésicos entre os filhos eram pequenos, e que conseguiu se reproduzir até a terceira geração.[154]

A importância da família escrava para amenizar os medos e gerar melhor convivência entre senhores e escravos foi muito bem demonstrada por José Roberto Góes e Manolo Florentino. Os autores, analisando os plantéis no Rio de Janeiro entre os anos de 1790 a 1850, destacaram que a formação de famílias podia trazer ganhos tanto para os senhores quanto para os escravos (Góes e Florentino, 1997). Para o senhor, a capacidade dos escravos de constituir família, tanto dentro quanto fora do casamento, servia a seus interesses, uma vez que proporcionava certa sensação de estabilidade social e paz. Em outros termos, a existência da família

---

[153] Segundo a lista feita em 1756 pelo provedor da fazenda. Ver Almeida (2001).
[154] CSM, 1º Ofício — Inventário *post-mortem* de José Caetano Rodrigues Horta. Códice 133, auto 2778 (1815).

escrava era uma condição estrutural para a continuidade do escravismo, pois era só criando escravos com compromissos entre si que os senhores podiam garantir a "paz" nas senzalas. Já para os escravos a formação de famílias constituía-se em estratégia para fazer aliados — por meio do casamento e batismo eles estreitavam laços que, nas difíceis condições da escravidão, transformavam-se em laços de aliança e solidariedade (Góes e Florentino, 1997:175).

No caso dos cativos, a prática de tais mecanismos denota que eles eram seres providos de capacidade de ação e raciocínio. Nesse sentido é que se entende por que a rebelião e o aquilombamento não foram os únicos meios tomados pelos escravos a fim de reagir e sobreviver na sociedade escravista (Engemann, 2005:173-174). Para aliviar a tensão que ela própria exerce sobre o cativeiro, a violência do senhor convivia com outros mecanismos compensatórios que se constituíam em espaço social de ação dos escravos (Engemann, 2005:189), que ordenavam as relações e tornavam o viver menos difícil e sofrido (Florentino, 2002:26).

Os exemplos citados sugerem a existência de acordos, negociações, reciprocidades na relação entre senhor e escravo, denotando que o sistema escravista se sustentava também sobre uma base de conciliação. Não se põe em dúvida a existência da violência — provam-no as rebeliões e fugas em geral —, mas, de igual modo, não se deve crer que esses eram os únicos mecanismos de interação entre cativos e senhores (Engemann, 2005:201). Ao que parece, a ideia de negociação entre senhores e escravos não era apenas uma figura de retórica (Fragoso, 2003:18), havendo inclusive ganhos para ambos os lados. Os cativos poderiam conseguir uma série de vantagens prestando-se a serviços como braço armado de seus senhores. Estes, oferecendo seus escravos e fazendas ao rei, além das possibilidades de alargamento de seus leques de mercês e privilégios, maximizavam prerrogativas de mando e, dessa forma, reafirmavam sua "qualidade" social.

Considerações finais

O presente livro foi elaborado tendo por base dois pressupostos: que os corpos de ordenanças se constituíam em um poder local que se atrelava ao núcleo de poder metropolitano em elos de interdependência que davam sustentação à governabilidade régia; e que era fundamental que o ocupante de um posto nas ordenanças obtivesse autoridade e reconhecimento público e social para que conseguisse tornar-se face visível do poder. Assim, para entendermos a efetivação desses mecanismos, optamos por fazer um estudo da composição social dos homens a quem cabia o comando das ordenanças. Dessa forma, voltamo-nos para os mecanismos de inserção local desses indivíduos, considerando as estratégias e recursos de que o oficialato dispunha para a construção de sua autoridade.

Talvez, a conclusão mais premente a ser delineada seja o fato de que as forças militares no período colonial eram socialmente complexas, pois os indivíduos que compunham os quadros das chefias militares de ordenanças na região e no período enfocados não se constituíam em um grupo homogêneo e, consequentemente, perfeitamente configurado. Eram vários os caminhos possíveis na composição de um chefe militar, mas todos governados pela mesma matriz de valor, qual seja, a busca pela aquisição e consolidação de "qualidade", bem como de poder de mando.

Vimos que, provenientes, sobretudo, do norte de Portugal, esses oficiais procuraram direcionar suas ações a fim de integrar-se a variados polos e/ou mecanismos propiciadores de poder, e que eram coletivamente reconhecidos como elementos consolidadores de posições privilegiadas na sociedade mineira, quais sejam, o exercício de cargos políticos, a posse de terras e escravos, a posse de títulos, o casamento e a riqueza. Assim, constatamos que entre os recursos utilizados por tais indivíduos para conseguirem angariar mercês e, com isso, maximizarem sua autoridade estavam os fatos de terem certa experiência em assuntos militares na ocupação de outros postos, exercerem cargos públicos, serem abonados de bens, oferecerem serviços pecuniários ao monarca e participarem dos méritos provenientes da conquista.

Desse modo, concluímos que a autoridade do oficialato enfocado estava fundamentada na antiguidade (através da permanência nos postos), na participação na conquista da terra, no desempenho de variadas funções (através do exercício de cargos políticos), na riqueza e em práticas sociais que lhes dessem legitimidade, elementos que multiplicavam, num círculo virtuoso, o poder desses indivíduos. Em outros termos, o respeito que logravam alcançar na colônia ligava-se à extensão de seus bens, à vida de ostentação e luxo que pudessem levar, a cargos honrosos que conseguissem ocupar, às alianças matrimoniais estabelecidas, às estratégias familiares traçadas e às reciprocidades com os escravos, elementos que podem ser considerados grandes trunfos dos oficiais para "jogar" melhor nessa teia social, pois disso obtinham bens materiais e imateriais que os transformavam em poderosos locais e, consequentemente, em indivíduos imprescindíveis ao poder real. Disso depreende-se que o funcionamento da organização bélica, pelo menos no que diz respeito às ordenanças na região e no período enfocados, estava estreitamente ligado às medidas régias que, por meio do sistema de mercês, coadunava as ações e relações dos coloniais, no caso dos oficiais, para o ordenamento do espaço social que a Coroa portuguesa pretendia dominar. Obviamente, nem sempre os desígnios régios para ordenamento do espaço social iam ao encontro dos interesses dos indivíduos ou grupos que os colocavam em prática e que, justamente por se constituírem de homens possuidores de autoridade dos quais a Coroa não podia prescindir, podiam negociar com esta a defesa de interesses.

Contudo, se tais elementos favoreciam a ascensão social e a fundamentação da autoridade, nada disso era decisivo. Esses homens precisavam reafirmar, a todo momento, seus merecimentos, através de novas demonstrações de fidelidade e de seu valor social, o que exigia a constante movimentação pelos canais que proporcionavam a sustentação de sua "qualidade".

Referências

Documentação manuscrita

Arquivo Histórico Ultramarino. Projeto Resgate. Documentação avulsa de Minas Gerais/CD-ROM.

Arquivo da Casa Setecentista de Mariana

INVENTÁRIOS POST-MORTEM

1º Ofício. André Correia Lima. Códice 86, auto 1.821 (1770).
1º Ofício. Antônio Alves Ferreira. Códice 36, auto 843 (1749).
1º Ofício. Antônio Carneiro de Sampaio. Códice 55, auto 122 (1800).
1º Ofício. Antônio da Costa Guimarães. Códice 44, auto 1.012 (1816).
1º Ofício. Antônio da Silva Herdeiro. Códice 25, auto 654 (1802).
1º Ofício. Antônio Gonçalves Torres. Códice 59, auto 1.305 (1776).
1º Ofício. Antônio Luís de Miranda. Códice 31, auto 756 (1777).
1º Ofício. Baltazar Martins Chaves. Códice 34, auto 2.806 (1761).
1º Ofício. Domingos Gonçalves Torres. Códice 33, auto 786 (1762).
1º Ofício. Francisco da Fonseca Ferreira. Códice 129, auto 2.703 (1801).
1º Ofício. Francisco Ferreira dos Santos. Códice 97, auto 2.024 (1791).

1º Ofício. Francisco Machado Magalhães. Códice 90, auto 1.878 (1799).
1º Ofício. Francisco Pereira Lobo. Códice 88, auto 1.856 (1774).
1º Ofício. Gregório de Matos Lobo. Códice 140, auto 2.911 (1785).
1º Ofício. João Antônio Rodrigues. Códice 133, auto 2.774 (1732).
1º Ofício. João da Costa Azevedo. Códice 92, auto 1.927 (1792).
1º Ofício. João da Silva Tavares. Códice 16, auto 463 (1835).
1º Ofício. João de São Boaventura Vieira. Códice 13, auto 429 (1757).
1º Ofício. João Favacho Roubão. Códice 49, auto 1.119 (1784).
1º Ofício. João Rodrigues dos Santos. Códice 80, auto 1.795 (1773).
1º Ofício. José Caetano Rodrigues Horta. Códice 133, auto 2.778 (1815).
1º Ofício. José da Silva Pontes. Códice 156, auto 3.264 (1800).
1º Ofício. Luis José Ferreira da Gouveia. Códice 72, auto 1.577 (1758).
1º Ofício. Manuel Rodrigues Passos. Códice 45, auto 1.042 (1744).
1º Ofício. Paulo Rodrigues Durão. Códice 115, auto 2.377 (1743).
1º Ofício. Tomé Soares de Brito. Códice 122, auto 2.542 (1804).
2º Ofício. Antônio Ferreira da Rocha. Códice 68, auto 1.496 (1787).
2º Ofício. João da Silva Tavares. Códice 16, auto 463 (1835).
2º Ofício. José de Araújo Correia. Códice 45, auto 1.016 (1760).
2º Ofício. Manuel Cardoso Cruz. Códice 20, auto 533 (1757).
2º Ofício. Manuel Ferreira da Costa. Códice 40, auto 458 (1805).

TESTAMENTOS

1º Ofício. Antônio Álvares da Cruz. Livro nº 65, folha 127 (1741).
1º Ofício. Antônio Coelho de Oliveira. Livro nº 68, folha 135 (1774).
1º Ofício. Antônio Luís Brandão. Livro nº 47, folha 164 (1774).
1º Ofício. Domingos Pinheiro. Livro nº 42, folha 187 (1795).
1º Ofício. Francisco Pereira Lobo. Livro nº 51, folha 91 (1771).
1º Ofício. João Coelho de Oliveira. Livro nº 71, folha 101 (1749).
1º Ofício. João Favacho Roubão. Livro nº 47, folha 104 (1782).
1º Ofício. José da Costa de Oliveira. Livro nº 59, folha 78 (1759).
1º Ofício. José Ferreira de Araújo. Livro nº 5, folha 28 (1767).
1º Ofício. José Francisco Lopes. Livro nº 17, folha 66 (1808).

1º Ofício. José Neto de Sousa. Livro nº 48, folha 11 (1761).
1º Ofício. Manuel de Oliveira Campos. Livro nº 57, folha 248 (1782).
1º Ofício. Manuel Ferreira da Costa. Livro nº 17, folha 207 (1819).
1º Ofício. Miguel Caetano Teixeira. Livro nº 51, folha 106 (1766).
Antônio Alves Ferreira. Anexo ao seu inventário (1748).
Antônio Carneiro de Sampaio. Anexo ao seu inventário (1799).
Antônio da Costa Guimarães. Anexo ao seu inventário (1815).
Antônio da Silva Herdeiro. Anexo ao seu inventário (1802).
Antônio Gonçalves Torres. Anexo ao seu inventário (1775).
Antônio Luís de Miranda. Anexo ao seu inventário (1756).
Baltazar Martins Chaves. Anexo ao seu inventário (1760).
Domingos Gonçalves Torres. Anexo ao seu inventário (1763).
Francisco da Fonseca Ferreira. Anexo ao seu inventário (1800).
Francisco Ferreira dos Santos. Anexo ao seu inventário (1791).
Francisco Machado Magalhães. Anexo ao seu inventário (1798).
Gregório de Matos Lobo. Anexo ao seu inventário (1784).
João da Silva Tavares. Anexo ao seu inventário (1834).
José de Araújo Correia. Anexo ao seu inventário (1760).
Manuel Cardoso Cruz. Anexo ao seu inventário (1756).
Manuel Ferreira da Costa. Anexo ao seu inventário (1804).
Manuel Rodrigues Passos. Anexo ao seu inventário (1743).

Arquivo Histórico do Museu da Inconfidência/ Casa do Pilar de Ouro Preto

INVENTÁRIOS POST-MORTEM

1º Ofício. Diogo José da Silva Saldanha. Códice 37, auto 453 (1805).
1º Ofício. Feliciano José da Câmara. Códice 45, auto 1.791 (1791).
1º Ofício. Francisco Vieira de Matos. Códice 54, auto 651 (1831).

TESTAMENTOS

1º Ofício. António Ramos dos Reis. Livro nº 20, folha 74 (1761).
Feliciano José da Câmara. Anexo ao seu inventário (1778).
Diogo José da Silva Saldanha. Anexo ao seu inventário (1805).

Processos matrimoniais do Arquivo Eclesiástico da Arquidiocese de Mariana

Antônio da Rocha Ferreira e Joaquina Maria da Silva. Arm. 01/pasta 109/doc. 1.081 (1793).

Antônio Fernandes de Sousa e Maria Ribeiro da Rocha. Arm. 01/pasta 478/doc. 48 (1732).

Antônio Ferreira da Rocha e Maria das Neves Dias. Arm. /pasta 53/doc. 522 (1757).

Antônio João de Oliveira e Joaquina da Cruz. Arm. 01/pasta 69/doc. 0688 (1799).

Domingos Fernandes de Oliveira e Maria de Sobral. Arm. 02/pasta 182/doc. 1.815 (1748).

Francisco Paes de Oliveira e Maria Nunes de Matos. Arm. 03/pasta 73/doc. 2.729 (1776).

João Rodrigues Moreira e Joanna Teodora do Monte. Arm. 03/pasta 412/doc. 4.112 (1745).

José Álvares Maciel e Juliana Francisca de Oliveira Leite. Arm. 04/pasta 464/doc. 4.638 (1755).

Luís Lobo Leite Pereira e Maria Josefa de Ávila. Arm. 05/pasta 597/doc. 5.968 (1793).

Manuel António Rodrigues e Marcelina Moreira. Arm. 05/pasta 612/doc. 6.116 (1737).

Manuel de Souza Pereira e Maria Martins França. Arm. 06/pasta 720/doc. 7.119 (1793).

Vicente Ferreira de Sousa e Maria da Purificação. Arm. 07/pasta 797/doc. 7.966 (1750).

Documentação impressa

AMARAL, Roberto; BONAVIDES, Paulo. *Textos políticos da história do Brasil*. Brasília: Senado Federal, 2002.

CATÁLAGO de sesmaria. *Revista do Arquivo Público Mineiro*, Belo Horizonte, v. 1, 1988a.

CATÁLAGO de sesmaria. *Revista do Arquivo Público Mineiro*, Belo Horizonte, v. 2, 1988b.

COSTA, Verissimo Antonio Ferreira da. *Collecção Systematica das Leis Militares de Portugal dedicada ao príncipe regente n. s.* Lisboa: Impressão Regia, 1816.

CREAÇÃO de villas no período colonial. *Revista do Arquivo Público Mineiro*, Belo Horizonte, ano II, jan./mar. 1897.

MATOSO, Caetano da Costa. *Códice Costa Matoso*. Coord. Luciano Raposo de Almeida Figueiredo e Maria Verônica Campos. Belo Horizonte: Fundação João Pinheiro, 1999. v. I e II.

SOUZA, Bernardo Xavier Pinto e. Memórias históricas da província de Minas Geraes. *Revista do Arquivo Público Mineiro*, Belo Horizonte, v. 8, p. 523-639, 1908.

Livros, artigos, teses e dissertações

ALDEN, Dauril. *Royal government in colonial Brazil*: with special reference to the administration of the marquis of Lavradio, viceroy, 1769-1779. Berkeley: University of California Press, 1968.

ALMEIDA, Carla M. C. de. *Alterações nas unidades produtivas mineiras*: Mariana — 1750-1850. 1994. Dissertação (mestrado) — Universidade Federal Fluminense, Niterói, 1994.

_____. *Homens ricos, homens bons*: produção e hierarquização social em Minas colonial (1750-1822). 2001. Tese (doutorado) — Universidade Federal Fluminense, Niterói, 2001.

ALMEIDA, Maria Regina Celestino de. *Metamorfoses indígenas*: identidade e cultura nas aldeias coloniais do Rio de Janeiro. Rio de Janeiro: Arquivo Nacional, 2003.

AMANTINO, Márcia. *O mundo das feras*: os moradores do sertão do oeste de Minas Gerais — século XVIII. 2001. Tese (doutorado) — Universidade Federal do Rio de Janeiro, Rio de Janeiro, 2001. 2 v.

ANASTASIA, Carla. *Vassalos e rebeldes*: violência coletiva nas Minas na primeira metade do século XVIII. Belo Horizonte: C/ Arte, 1998.

ARAÚJO, Emanuel. *O teatro dos vícios*: transgressão e transigência na sociedade urbana colonial. Rio de Janeiro: José Olympio, 1997.

ARAÚJO, Luís António S. *Contratos e tributos nas Minas setecentistas*: o estudo de um caso — João de Sousa Lisboa (1745-1765). 2002. Dissertação (mestrado) — Universidade Federal Fluminense, Niterói, 2002.

AUFDERHEIDE, Patricia Ann. *Order and violence*: social deviance and social control in Brazil, 1780-1840. 1976. Tese (Ph.D.) — University of Minnesota, 1976. v. 1.

AZEVEDO, João Lúcio de. Política de Pombal em relação ao Brasil. *Revista do Instituto Histórico e Geográfico Brasileiro*, Rio de Janeiro: IHGB, 1927. Tomo especial: Congresso Internacional de História da América, v. 3, p. 167-203.

BARTH, Fredrik. *Scale and social organization*. Oslo: Universities Forlaget, 1978.

_____. *Process and form in social life*. Londres: Routlegde & Kegan Paul, 1981a. v. 1.

_____. Analytical dimensions in the comparison of social organizations. In: _____. *Process and form in social life*. Londres: Routlegde & Kegan Paul, 1981b. v. 1, p. 119-137.

_____. Models of social organization III: the problem of comparison. In: _____. *Process and form in social life*. Londres: Routlegde & Kegan Paul, 1981c. v. 1, p. 61-75.

_____. Models of social organization I: the analytical importance of transaction. In: _____. *Process and form in social life*. Londres: Routlegde & Kegan Paul, 1981d. v. 1, p. 32-47.

_____. Anthropological models and social reality. In: _____. *Process and form in social life*. Londres: Routlegde & Kegan Paul, 1981e. v. 1, p. 14-31.

_____. Models reconsidered. In: _____. *Process and form in social life*. Londres: Routlegde & Kegan Paul, 1981f. v. 1, p. 76-104.

_____. On the study of social change. In: _____. *Process and form in social life*. Londres: Routlegde & Kegan Paul, 1981g. v. 1, p. 105-118.

_____. *O guru, o iniciador e outras variações antropológicas*. Rio de Janeiro: Contra Capa, 2000a.

_____. A análise da cultura nas sociedades complexas. In: _____. *O guru, o iniciador e outras variações antropológicas*. Rio de Janeiro: Contra Capa, 2000b. p. 107-139.

_____. Metodologias comparativas na análise dos dados antropológicos. In: _____. *O guru, o iniciador e outras variações antropológicas*. Rio de Janeiro: Contra Capa, 2000c. p. 186-200.

BEBIANO, Rui. A guerra: o seu imaginário e a sua deontologia. In: HESPANHA, António M. (Org.). *Nova história militar de Portugal*. Lisboa: Círculo de Leitores, 2003. p. 36-50.

BELLOTTO, Heloísa Liberalli. *Autoridade e conflito no Brasil colonial*: o governo do morgado de Mateus em São Paulo (1765-1775). São Paulo: Conselho Estadual de Artes e Ciências Humanas, 1979.

BERLIN, Ira. *Gerações de cativeiro*: uma história da escravidão nos Estados Unidos. Rio de Janeiro: Record, 2006.

BICALHO, Maria Fernanda. As câmaras municipais no Império português: o exemplo do Rio de Janeiro. *Revista Brasileira de História*, São Paulo, v. 18, n. 36, p. 251-280, 1998.

_____. As câmaras ultramarinas e o governo do Império. In: FRAGOSO, João; BICALHO, Maria Fernanda; GOUVÊA, Maria de Fátima (Org.). *O Antigo Regime nos trópicos*. Rio de Janeiro: Civilização Brasileira, 2001.

_____. *A cidade e o Império*: o Rio de Janeiro no século XVIII. Rio de Janeiro: Civilização Brasileira, 2003.

BORGES, Maria Eliza Linhares. Cartografia, poder e imaginário: produção cartográfica portuguesa e as terras de além-mar. In: SIMAN, Lara Mara de Castro; FONSECA, Thais N. de Lima (Org.). *Inaugurando a história e construindo a nação*: discursos e imagens no ensino de história. Belo Horizonte: Autêntica, 2001.

BOSCHI, Caio. Administração e administradores no Brasil pombalino: os governadores da capitania de Minas Gerais. *Tempo*: revista do Departamento de História da UFF, Niterói, v. 7, n. 13, p. 78-79, 2002.

BOXER, Charles. *A idade do ouro do Brasil*: dores de crescimento de uma sociedade colonial. Rio de Janeiro: Nova Fronteira, 2000a.

_____. Vila Rica de Ouro Preto. In: _____. *A idade do ouro do Brasil*. Rio de Janeiro: Nova Fronteira, 2000b.

BUESCU, Mircea. *300 anos de inflação*. Rio de Janeiro: Apec, 1973.

CAPELA, José. *Donas, senhores e escravos*. Porto: Afrontamento, 1995.

_____. Como as aringas de Moçambique se transformaram em quilombos. *Tempo*: revista do Departamento de História da UFF, Niterói, v. 20, p. 72-97, 2005.

CARDIM, Pedro. Centralização política e Estado na recente historiografia sobre o Portugal do Antigo Regime. *Revista Nação e Defesa*, Lisboa, Instituto de Defesa Nacional, n. 87, p. 134-135, 1998.

CASTRO, Celso; IZECKSOHN, Vitor; KRAAY, Hendrik (Org.). *Nova história militar brasileira*. Rio de Janeiro: FGV, 2004.

COSTA, Fernando Dores. Milícia e sociedade: recrutamento. In: HESPANHA, António M. (Org.). *Nova história militar de Portugal*. Lisboa: Círculo de Leitores: 2003a. v. II: Séculos XVI-XVII.

_____. Fidalgos e plebeus. In: HESPANHA, António Manuel (Org.). *Nova história militar de Portugal*. Lisboa: Círculo de Leitores: 2003b. v. II: Séculos XVI-XVII.

COSTA, Iraci del Nero; LUNA, Francisco Vidal. *Minas colonial*: economia e sociedade. São Paulo: Fipe/Pioneira, 1982.

COTTA, Francis A. Para além da desclassificação e da docilização dos corpos: organização militar nas Minas Gerais do século XVIII. *MNEME*: revista de humanidades, UFRN/Ceres, Natal, RN, v. 2, n. 3, 2001. Disponível em: <www.periodicos.ufrn.br/mneme/about>. Acesso em: 12 fev. 2014.

_____. Os terços de homens pardos e pretos libertos: mobilidade social via postos militares nas Minas do século XVIII. *MNEME*: revista de humanidades, UFRN/Ceres, Natal, RN, v. 3, n. 6, 2002. Disponível em: <www.periodicos.ufrn.br/mneme/about>. Acesso em: 5 fev. 2014.

_____. Organização militar. In: ROMEIRO, Adriana; BOTELHO, Ângela Vianna. *Dicionário histórico das Minas Gerais*. 2. ed. Belo Horizonte: Autêntica, 2004.

_____. *No rastro dos dragões*: universo militar luso-brasileiro e as políticas de ordem nas Minas setecentistas. Tese (doutorado) — Universidade Federal de Minas Gerais, Belo Horizonte, 2005.

CUNHA, Mafalda Soares da. *A Casa de Bragança, 1560-1640*: práticas senhorias e redes clientelares. Lisboa: Estampa, 2000.

DAVIS, David Brion. Introduction. In: BROWN, Christopher Leslie; MORGAN, Philip D. (Org.). *Arming slaves*: from classical times to the modern age. Nova Haven, CT: Yale University Press, 2006.

ELIAS, Norbert. *A sociedade dos indivíduos*. Rio de Janeiro: Jorge Zahar, 1994.

_____. *Os estabelecidos e os outsiders*: sociologia das relações de poder a partir de uma pequena comunidade. Rio de Janeiro: Jorge Zahar, 2000.

_____. *A sociedade de corte*: investigação sobre a sociologia da realeza e da aristocracia de corte. Rio de Janeiro: Jorge Zahar, 2001.

ENGEMANN, Carlos. Da comunidade escrava: Rio de Janeiro, séculos XVII-XIX. In: FLORENTINO, Manolo (Org.). *Tráfico, cativeiro e liberdade*. Rio de Janeiro, séculos XVII-XIX. Rio de Janeiro: Civilização Brasileira, 2005.

FAORO, Raimundo. *Os donos do poder*: formação do patronato político brasileiro. São Paulo: Globo/Publifolha, 2000. v. 1.

FIGUEIREDO, Luciano. *Revoltas, fiscalidade e identidade colonial na América portuguesa*. Rio de Janeiro, Bahia e Minas Gerais, 1640-1761. 1996. Tese (doutorado) — Universidade de São Paulo, São Paulo, 1996.

_____. *Barrocas famílias*: vida familiar em Minas Gerais do século XVIII. São Paulo: Hucitec, 1997.

_____. Glossário. In: _____; CAMPOS, Maria Verônica. *Códice Costa Mattoso*: glossário, biografias, índices. Belo Horizonte: Fundação João Pinheiro, Centro de Estudos Históricos e Culturais, 1999. Coleção Mineiriana, v. 2.

_____. O império em apuros: notas para o estudo das alterações ultramarinas e das práticas políticas no império colonial português, séculos XVII e XVIII. In: FURTADO, Júnia (Org.). *Diálogos oceâni-*

cos: Minas Gerais e as novas abordagens para uma história do Império Ultramarino Português. Belo Horizonte: Humanitas, 2001.

FIORAVANTE, Fernanda. As contas da Câmara de São João Del Rei, 1719-1750. *Diálogos*, DHI/PPH/UEM, v. 13, n. 3, p. 643-673, 2009.

FLORENTINO, Manolo. *Em costas negras*: uma história do tráfico atlântico de escravos entre a África e o Rio de Janeiro (sécs. XVIII e XIX). São Paulo: Companhia das Letras, 1997.

_____. Alforrias e etnicidade no Rio de Janeiro oitocentista: notas de pesquisa. *Topoi*: revista de história, Rio de Janeiro, n. 5, p. 9-40, set. 2002.

_____ (Org.). *Tráfico, cativeiro e liberdade*: Rio de Janeiro, séculos XVII-XIX. Rio de Janeiro: Civilização Brasileira, 2005a.

_____. Sobre Minas, crioulos e a liberdade costumeira no Rio de Janeiro, 1789-1871. In: _____ (Org.). *Tráfico, cativeiro e liberdade*: Rio de Janeiro, séculos XVII-XIX. Rio de Janeiro: Civilização Brasileira, 2005b. p. 331-366.

_____; FRAGOSO, João. *O arcaísmo como projeto*: mercado atlântico, sociedade agrária e elite mercantil em uma economia colonial tardia: Rio de Janeiro, 1790-1840. 4. ed. Rio de Janeiro: Civilização Brasileira, 2001.

_____; MACHADO, Cacilda. Imigração portuguesa e miscigenação no Brasil nos séculos XIX e XX: um ensaio. In: LESSA, Carlos (Org.). *Os Lusíadas na aventura do Rio moderno*. Rio de Janeiro: Record, 2002.

FRAGOSO, João. A nobreza da República: notas sobre a formação da primeira elite senhorial do Rio de Janeiro (séculos XVI e XVII). *Topoi*: revista de história. Rio de Janeiro, v. 1, 2000.

_____. A formação da economia colonial no Rio de Janeiro e de sua primeira elite senhorial (séculos XVI e XVII). In: _____; BICALHO, Maria Fernanda; GOUVÊA, Maria de Fátima (Org.). *O Antigo Regime nos trópicos*: a dinâmica imperial portuguesa (século XVI--XVII). Rio de Janeiro: Civilização Brasileira, 2001.

_____. Afogando em nomes: temas e experiências em história econômica. *Topoi*: revista de história, Rio de Janeiro, v. 5, 2002.

_____. A nobreza vive em bandos: a economia política das melhores famílias da terra do Rio de Janeiro, século XVII — algumas notas de pesquisa. *Tempo*: revista do Departamento de História da UFF, Niterói, v. 15, 2003.

_____. Capitão Manuel Pimenta Sampaio, senhor do engenho do Rio Grande, neto de conquistadores e compadre de João Soares, pardo: notas sobre uma hierarquia social costumeira (Rio de Janeiro, 1700-1760). In: _____; GOUVÊA, Maria de Fátima (Org.). *Na trama das redes*: política e negócios no Império Português, séculos XVI-XVIII. Rio de Janeiro: Civilização Brasileira, 2010.

_____; BICALHO, Maria Fernanda; GOUVÊA, Maria de Fátima. Bases da materialidade e da governabilidade no Império: uma leitura do Brasil colonial. *Penélope*: revista de história e ciências sociais, Lisboa, n. 23, 2000.

_____; _____; _____ (Org.). *O Antigo Regime nos trópicos*: a dinâmica imperial portuguesa (século XVI-XVII). Rio de Janeiro: Civilização Brasileira, 2001a.

_____; _____; _____. Introdução. In: _____; _____; _____ (Org.). *O Antigo Regime nos trópicos*: a dinâmica imperial portuguesa (século XVI-XVII). Rio de Janeiro: Civilização Brasileira, 2001b.

FURTADO, Júnia Ferreira. *Homens de negócio*: a interiorização da metrópole e do comércio nas Minas setecentistas. São Paulo: Hucitec, 1999.

GINZBURG, Carlo. O nome e o como. In: _____; CASTELNUOVO, Enrico; PONI, Carlo (Org.). *A micro-história e outros ensaios*. Rio de Janeiro: Difel, 1991.

GODINHO, Vitorino M. L'émigracion portugaise (XV-XX siécle): une constante structurale et les réponses aux changements du monde. *Revista de História Econômica e Social*, v. I, 1978.

GÓES, José Roberto; FLORENTINO, Manolo. *A paz das senzalas*: famílias escravas e tráfico atlântico, Rio de Janeiro, c. 1790-c. 1850. Rio de Janeiro: Civilização Brasileira, 1997.

GOMES, José Eudes. *As milícias d'El Rey*: tropas militares no Ceará setecentista. Rio de Janeiro: FGV, 2010.

GOUVÊA, Maria de Fátima. Redes de poder na América portuguesa: o caso dos homens bons do Rio de Janeiro (1790-1822). *Revista Brasileira de História*. São Paulo, v. 8, n. 36, p. 297-330, 1998.

_____; FRAZÃO, Gabriel A.; SANTOS, Marília N. dos. Redes de poder e conhecimento na governação do Império português, 1688-1735. *Topoi*: revista de história. Rio de Janeiro, v. 5, n. 8, 2004.

GOUVEIA, António Camões; MONTEIRO, Nuno G. A milícia. In: HESPANHA, António M. (Org.). *História de Portugal*: o Antigo Regime. Lisboa: Estampa, 1998.

GREENE, Jack. Negotiated authorities: the problem of governance in the extended polities of the early modern Atlantic world. In: _____. *Negotiated authorities*: essays in colonial political and constitutional history. Charlottesville: University Press of Virginia, 1994.

HESPANHA, António M. *Poder e instituições na Europa do Antigo Regime*. Lisboa: Fundação Calustre Gulbenkian, 1982.

_____. *As vésperas do Leviathan*: instituições e poder político. Portugal — século XVII. Coimbra: Almedina, 1994.

_____. *Panorama histórico da cultura jurídica europeia*. Madri: Tecnos, 1998.

_____. A constituição do Império português: revisão de alguns enviesamentos correntes. In: FRAGOSO, João; BICALHO, Maria Fernanda; GOUVÊA, Maria de Fátima (Org.). *O Antigo Regime nos trópicos*: a dinâmica imperial portuguesa (séculos XVI-XVIII). Rio de Janeiro: Civilização Brasileira, 2001a.

_____. As estruturas políticas em Portugal na época moderna. In: TENGARRINHA, José (Org.). *História de Portugal*. São Paulo: Unesp, 2001b.

_____. (Org.). *Nova história militar de Portugal*. Lisboa: Círculo de Leitores: 2003a. v. II: Séculos XVI-XVII.

_____. Introdução. In: _____ (Org.). *Nova história militar de Portugal*. Lisboa: Círculo de Leitores: 2003b. v. II: Séculos XVI-XVII.

_____. Conclusão. In: _____ (Org.). *Nova história militar de Portugal.* Lisboa: Círculo de Leitores: 2003c. v. II: Séculos XVI-XVII.

_____. A administração militar. In: _____ (Org.). *Nova história militar de Portugal.* Lisboa: Círculo de Leitores: 2003d. v. II: Séculos XVI-XVII.

ISAACMAN, Allen; PETERSON, Derek. Making the chikunda: military slavery and ethnicity in Southern Africa, 1750-1900. In: BROWN, Christopher Leslie; MORGAN, Philip D. (Org.). *Arming slaves*: from classical times to the modern age. Nova Haven, CT: Yale University Press, 2006. p. 95-119.

KARASCH, Mary. The periphery of the periphery? Vila Boa de Goiás, 1780-1835. In: DANIELS, Christine; KENNEDY, Michael V. *Negotiated empires*: centers and peripheries in the Americas, 1500-1820. Nova York: Routledge, 2003.

KLEIN, Hebert S. A integração social e econômica dos imigrantes portugueses no Brasil no fim do século XIX e no início do XX. *Revista Brasileira de Estudos de População*, São Paulo, v. 6, n. 2, jul./dez. 1989.

KRAAY, Hendrik. *Race, state and armed forces in indenpendence-era Brazil*: Bahia 1790s-1840s. Stanford: Stanford University Press, 2001.

_____. Arming slaves in Brazil from the seventeenth century to the nineteenth century. In: BROWN, Christopher Leslie; MORGAN, Philip D. (Org.). *Arming slaves*: from classical times to the modern age. New Haven, CT: Yale University Press, 2006. p. 146-179.

LANDERS, Jane. Transforming bondsmen into vassals: arming slaves in colonial Spanish America. In: BROWN, Christopher Leslie; MORGAN, Philip D. (Org.). *Arming slaves*: from classical times to the modern age. Nova Haven, CT: Yale University Press, 2006. p. 121-145.

LEONZO, Nanci. As companhias de ordenanças na capitania de São Paulo: das origens ao governo do morgado de Matheus. São Paulo: Edusp, 1977. Coleção do Museu Paulista, Série História, v. 6.

LEVI, Giovanni. *A herança imaterial.* Rio de Janeiro: Civilização Brasileira, 2000.

LIMA FILHO, Henrique Espada Rodrigues. *Microstoria*: escalas, indícios e singularidades. 1999. Tese (doutorado) — Universidade Estadual de Campinas, Campinas, 1999.

LOUSADA, Maria Alexandra. *Espaços de sociabilidade em Lisboa*: finais do século XVIII — 1834. 1996. Tese (doutorado) — Faculdade de Letras da Universidade de Lisboa. Lisboa 1996.

MAGALHÃES, Joaquim Romero. A guerra: os homens e as armas. In: _____. *O Algarve econômico*: 1600-1773. Lisboa: Estampa, 1993.

MARAVALL, José António. *Poder, honor y élites en el siglo XVII*. 3. ed. Madri: Siglo XXI de Espanha, 1989.

MATHIAS, Carlos Leonardo Kelmer. *Jogos de interesse e estratégias de ação no contexto da revolta mineira de Vila Rica, c. 1709-c. 1736*. 2005. Dissertação (mestrado) — Universidade Federal do Rio de Janeiro. Rio de Janeiro, 2005.

MATTOSO, Kátia de Q. *Ser escravo no Brasil*. São Paulo: Brasiliense, 1982.

MAXWELL, Kenneth. *A devassa da devassa*: a Inconfidência Mineira, Brasil e Portugal, 1750-1808. Rio de Janeiro: Paz e Terra, 1985.

_____. Guerra e império. In: _____. *Marquês de Pombal*: paradoxo do iluminismo. Rio de Janeiro: Paz e Terra, 1996.

MELLO, Christiane F. Pagano de. *Os corpos de auxiliares e de ordenanças na segunda metade do século XVIII*: as capitanias do Rio de Janeiro, São Paulo, Minas Gerais e a manutenção do Império português no centro-sul da América. 2002. Tese (doutorado) — Universidade Federal Fluminense. Niterói, 2002.

_____. A guerra e o pacto: a política de intensa mobilização militar. In: CASTRO, Celso; IZECKSOHN, Vitor; KRAAY, Hendrik (Org.). *Nova história militar brasileira*. Rio de Janeiro: FGV, 2004.

MELLO, Evaldo Cabral de. *Rubro veio*: o imaginário da restauração pernambucana. Rio de Janeiro: Topbooks, 1997.

_____. *O nome e o sangue*: uma parábola familiar no Pernambuco colonial. Rio de Janeiro: Topbooks, 2000.

_____. *A fronda dos mazombos*: nobres contra mascates, Pernambuco, 1666-1715. 2. ed. São Paulo: Editora 34, 2003.

MELLO E SOUZA, Laura de. Prefácio. In: SILVEIRA, Marco A. *O universo do indistinto*. São Paulo: Hucitec, 1999a.

_____. Violência e práticas culturais no cotidiano de uma expedição contra quilombolas. In: _____. *Norma e conflito*: aspectos da história de Minas no século XVIII. Belo Horizonte: UFMG, 1999b.

_____. *Desclassificados do ouro*. 4. ed. Rio de Janeiro: Graal, 2004.

MERRICK, Thomas; GRAHAM, Douglas. *População e desenvolvimento econômico no Brasil*. Rio de Janeiro: Zahar, 1981.

MONTEIRO, Miguel. *Migrantes, emigrantes e brasileiros (1834-1926)*. Braga: Neps/Ibit/Iesf, 2000.

MONTEIRO, Nuno Gonçalo. *O crepúsculo dos grandes*: a casa e o patrimônio da aristocracia em Portugal (1750-1832). Lisboa: Imprensa Nacional da Casa-Moeda, 1998.

_____. Os concelhos e as comunidades. In: HESPANHA, António M. (Org.). *História de Portugal*: o Antigo Regime. Lisboa: Estampa, 1998a. v. 4.

_____. Poder senhorial, estatuto nobiliárquico e aristocracia. In: HESPANHA, António Manuel. (Org.). *História de Portugal*: o Antigo Regime. Lisboa: Estampa, 1998b.

_____. Comandos militares e elites sociais. In: HESPANHA, António M. (Org.) *História de Portugal:* o Antigo Regime. Lisboa: Estampa, 1998c.

MOREIRA, Luiz Guilherme S.; LOUREIRO, Marcello José G. A nova história militar e a América portuguesa: balanço historiográfico. In: POSSAMAI, Paulo (Org.). *Conquistar e defender*: Portugal, Países Baixos e Brasil. Estudos de história militar na Idade Moderna. São Leopoldo: Oikos, 2012.

NAZZARI, Muriel. *O desaparecimento do dote*: 1600-1900. São Paulo: Companhia das Letras, 2001.

OLIVAL, Fernanda; MONTEIRO, Nuno G. Mobilidade social nas carreiras eclesiásticas em Portugal (1500-1820). *Análise Social*: revista do Instituto de Ciências Sociais da Universidade de Lisboa, Lisboa, v. XXXVII, p. 1220-1231, 2003.

PAIVA, Eduardo França. *Escravos e libertos nas Minas Gerais do século XVIII*. Estratégias de resistência através dos testamentos. São Paulo: Annablume, 1995.

_____. De corpo fechado: o gênero masculino, milícias e trânsito de culturas entre a África dos mandingas e as Minas Gerais da América, no início do século XVIII. In: LIBBY, Douglas Cole; FURTADO, Júnia F. *Trabalho livre, trabalho escravo*: Brasil e Europa, séculos XVIII e XIX. São Paulo: Annablume, 2006.

PARKER, Geoffrey. *The military revolution*: military inovation and the rise of the West, 1500-1800. Cambridge: Cambridge University Press, 1992.

PEREGALLI, Enrique. *Recrutamento militar no Brasil colonial*. Campinas: Unicamp, 1986.

PEREIRA FILHO, Jorge da Cunha. Tropas militares luso-brasileiras nos séculos XVIII e XIX. *Boletim do Projeto Pesquisa Genealógica sobre as Origens da Família Cunha Pereira*, ano 3, n. 12, p. 4-21, 1 mar. 1998.

POSSAMAI, Paulo (Org.). *Conquistar e defender*: Portugal, Países Baixos e Brasil. Estudos de história militar na Idade Moderna. São Leopoldo: Oikos, 2012.

PRADO JR., Caio. *Formação do Brasil contemporâneo*. São Paulo: Brasiliense/Publifolha, 2000.

PUJOL, Gil Xavier. Centralismo e localismo? Sobre as relações políticas e culturais entre capital e território nas monarquias europeias dos séculos XVI e XVII. In: *Penélope*: fazer e desfazer a história. n. 6, 1991.

PUNTONI, Pedro. *A guerra dos bárbaros*: povos indígenas e a colonização do sertão nordeste do Brasil, 1650-1720. São Paulo: Hucitec, 2002.

_____. A arte da guerra no Brasil: tecnologia e estratégias militares na expansão da fronteira da América portuguesa (1550-1700). In: CASTRO, Celso; IZECKSOHN, Vitor; KRAAY, Hendrik (Org.). *Nova história militar brasileira*. Rio de Janeiro: FGV, 2004.

RAMOS, Donald. From Minho to Minas: the portuguese roots of the mineiro family. *Hispanic American Historical Review*, v. 73, p. 639-662, nov. 1993.

REVEL, Jacques. Microanálise e construção do social. In: _____ (Org.). *Jogos de escala:* a experiência da microanálise. Rio de Janeiro: FGV, 1998.

RODRIGUES, José Damião. A guerra no Açores. In: HESPANHA, António M. (Org.). *Nova história militar de Portugal.* Lisboa: Círculo de Leitores: 2003. v. II: Séculos XVI-XVII.

ROSENTAL, Paul-André. Construir o macro pelo micro: Fredrik Barth e a micro-história. In: REVEL, Jacques (Org.). *Jogos de escala*: a experiência da microanálise. Rio de Janeiro: FGV, 1998.

RUSSEL-WOOD, A. J. R. O governo local na América portuguesa: um estudo de divergência cultural. *Revista de História*, São Paulo, FFLCH/USP, p. 25-79, 1977.

_____. Centros e periferias no mundo luso-brasileiro, 1500-1808. *Revista Brasileira de História*, São Paulo, v. 18, n. 36, 1998.

SALGADO, Graça (Org.). *Fiscais e meirinhos*: a administração no Brasil colonial. Rio de Janeiro: Nova Fronteira, 1985.

SAMPAIO, António Carlos Jucá. A produção da liberdade: padrões gerais das manumissões no Rio de Janeiro colonial, 1650-1750. In: FLORENTINO, Manolo (Org.). *Tráfico, cativeiro e liberdade*: Rio de Janeiro, séculos XVII-XIX. Rio de Janeiro: Civilização Brasileira, 2005.

SCHWARTZ, Stuart B. *Burocracia e sociedade no Brasil colonial.* São Paulo: Perspectiva, 1979.

_____. *Segredos internos*: engenhos e escravos na sociedade colonial — 1550-1835. São Paulo: Companhia das Letras, 1988.

_____. *Escravos, roceiros e rebeldes.* São Paulo: Edusc, 2001.

SILVA, Célia Nonata da. *A teia da vida*: violência interpessoal nas Minas setecentistas. 1998. Dissertação (mestrado) — Universidade Federal de Minas Gerais. Belo Horizonte, 1998.

SILVA, Kalina V. da. *O miserável soldo e a boa ordem da sociedade colonial*: militarização e marginalidade na Capitania de Pernambuco dos séculos XVII e XVIII. Recife: Fundação de Cultura Cidade de Recife, 2001.

SILVA, Maria Beatriz Nizza da. *Ser nobre na colônia.* São Paulo: Unesp, 2005.

SILVEIRA, Marco A. *O universo do indistinto*: Estado e sociedade nas Minas setecentistas (1753-1808). São Paulo: Hucitec, 1999.

_____. Guerra de usurpação, guerra de guerrilhas: conquista e soberania nas Minas setecentistas. *Vária Historia*, Belo Horizonte, n. 25, 2001.

SODRÉ, Nelson Werneck. *História militar do Brasil*. Rio de Janeiro: Civilização Brasileira, 1979.

SUBTIL, José. Os poderes do centro. In: HESPANHA, António M. (Org.). *História de Portugal*: o Antigo Regime. Lisboa: Estampa, 1998. v. 4, p. 163.

VAINFAS, Ronaldo. Ordens militares. In: _____. *Dicionário do Brasil colonial (1500-1808)*. Rio de Janeiro: Objetiva, 2000.

VALADARES, Virgínia Maria Trindade. *Elites mineiras setecentistas*: conjugação de dois mundos. Lisboa: Colibri, 2004.

ZALUAR, Alba. *Os homens de Deus*: um estudo dos santos e das festas no catolicismo popular. Rio de Janeiro: Zahar, 1983.

WEHLING, Arno; WEHLING, Maria. O funcionário colonial entre a sociedade e o rei. In: DEL PRIORE, Mary (Org.). *Revisão do paraíso*: os brasileiros e o Estado em 500 anos de história. Rio de Janeiro: Campus, 2000.